上海教育丛书

沈洪 主编
陈中山 胡丹英 副主编

吕型伟与市东中学

癸卯季秋 龚学平

上海教育出版社

图书在版编目（CIP）数据

吕型伟与市东中学 / 沈洪主编；陈中山，胡丹英副主编. — 上海：上海教育出版社，2023.12
（上海教育丛书）
ISBN 978-7-5720-2386-6

Ⅰ.①吕… Ⅱ.①沈…②陈…③胡… Ⅲ.①中学－学校管理－研究－上海 Ⅳ.①G647

中国国家版本馆CIP数据核字(2023)第222587号

责任编辑　隋淑光　韩　颖
封面设计　周　吉

上海教育丛书
吕型伟与市东中学
沈　洪　主编

出版发行	上海教育出版社有限公司
官　　网	www.seph.com.cn
地　　址	上海市闵行区号景路159弄C座
邮　　编	201101
印　　刷	启东市人民印刷有限公司
开　　本	700×1000　1/16　印张 14.5　插页 3
字　　数	233 千字
版　　次	2023年12月第1版
印　　次	2023年12月第1次印刷
书　　号	ISBN 978-7-5720-2386-6/G·2116
定　　价	48.00 元

如发现质量问题，读者可向本社调换　　电话：021-64373213

《上海教育丛书》编委会

顾　　问　姚庄行　袁　采　夏秀蓉　张民生
　　　　　　于　漪　顾泠沅
主　　编　尹后庆
副 主 编　俞恭庆　徐淀芳
编　　委（以姓氏笔画为序）
　　　　　　王　浩　仇言瑾　史国明　孙　鸿
　　　　　　苏　忱　杨振峰　吴国平　宋旭辉
　　　　　　邵志勇　金志明　周　飞　周洪飞
　　　　　　郑方贤　赵连根　贾立群　缪宏才

《上海教育丛书》历届编委会

1994 年至 2001 年

主　　编　吕型伟
副 主 编　姚庄行　袁　采　张民生　刘元璋(常务)
编　　委　于　漪　刘期泽　俞恭庆　江晨清　陆善涛　陈　和
　　　　　樊超烈

2002 年至 2007 年

主　　编　吕型伟
副 主 编　姚庄行　袁　采　张民生　刘元璋　夏秀蓉　樊超烈
编　　委（以姓氏笔画为序）
　　　　　于　漪　王厥轩　尹后庆　冯宇慰　刘期泽　江晨清
　　　　　陆善涛　陈　和　俞恭庆　袁正守

2008 年至 2014 年

顾　　问　李宣海　薛明扬
主　　编　吕型伟
执行主编　夏秀蓉
副 主 编　姚庄行　袁　采　张民生　尹后庆　刘期泽　于　漪
编　　委（以姓氏笔画为序）
　　　　　王厥轩　王懋功　仇言瑾　史国明　包南麟　宋旭辉
　　　　　张跃进　陈　和　金志明　赵连根　俞恭庆　顾泠沅
　　　　　倪闽景　徐　虹　徐淀芳　黄良汉

总 序

建设一流城市,需要一流教育。办好教育,最根本的是要建设好教师队伍和学校管理干部队伍。

在长期的教育实践中,上海市涌现了一大批长期耕耘在教育第一线,呕心沥血、努力探索,积累了丰富经验的优秀教师;涌现了一批领导学校卓有成效,有思想、有作为的优秀教育管理工作者。广大优秀教育工作者教育教学和管理工作的经验,凝聚着他们辛勤劳动的心血乃至毕生精力。为了帮助他们在立业、立德的基础上立言,确立他们的学术地位,使他们的经验能成为社会的共同财富,1994年上海市领导决定,委托教育部门负责整理这些经验。为此,上海市教育局、上海市中小学幼儿教师奖励基金会组织成立《上海教育丛书》编辑委员会,并由吕型伟同志任主编,自当年起出版《上海教育丛书》(以下称《丛书》)。1995年上海市教育委员会成立后,要求继续做好《丛书》的编辑出版工作。2008年初,经上海市教育委员会领导同意,调整和充实了《丛书》编委会,并确定夏秀蓉同志任执行主编,协助主编工作。2014年底,经上海市教育委员会领导同意,调整和充实了《丛书》编委会,确定尹后庆同志担任主编。《丛书》的内容涵盖了基础教育和中等职业教育的各个方面,包含有较高理论水平和学术价值的著作,涉及中小学教育、学前教育、师范教育、职业教育、校外教育和特殊教育,以及学校的领导管理与团队工作,还有弘扬祖国优秀文化、促进国际教育交流等方面的著作,体现了上海市中小学教育改革与发展的轨迹,体现了上海市中小学教育办学的水平与质量,体现了优秀教师和教育工作者的先进教育思想与丰富的实践经验。《丛书》出版后,受到广大教师、教育工作者及社会的欢迎。

为进一步搞好《丛书》的出版、宣传和推广工作,对今后继续出版的《丛书》,

我们将结合上海教育进入优质均衡、转型发展新时期的特点,更加注重反映教育改革前沿的生动实践,更加注重典型性、实用性和可读性。希望《丛书》反映的教育思想、理念和观点能起到抛砖引玉的作用,引发大家的思考、议论和争鸣;更希望在超前理念、先进思想的统领下创造出的扎实行动和鲜活经验,能引领当前的教育教学改革工作,使《丛书》成为记录上海教育改革历程和成果的历史篇章,成为广大教师和教育工作者的良师益友。限于我们的认识和水平,《丛书》会有疏漏和不尽如人意之处,诚恳地希望广大读者提出宝贵意见,帮助我们共同把《丛书》编好。

《上海教育丛书》编委会

序

市教育学会的领导嘱我为市东中学出的一本书《吕型伟与市东中学》做两件事：一是为这本书写个序，二是为这本书题个书名。我答应了。为什么？国际国内教育界有一个共识——教育对人生最重要的影响在中学阶段。正是在这个阶段，每个人确立了"三观"。在我的求学经历中，初中、高中都是在市东中学读的，吕老对我的影响很深，他是我终生敬仰的一位导师。另外，我曾分管过上海的教育工作，深知基础教育是一项伟大的工程，肩负着为政治、经济、文化等各项事业培养未来人才的重任。因此，当市教育学会的领导邀我写序时，我感到义不容辞，欣然命笔。

书稿不厚，我认真浏览了，感觉有几个特点。其一，文字明白、晓畅、干净。所叙情节，有现场感和主体感。其二，全书有传记性质，故事性强。书的谋篇布局，颇为周到。书中增加了许多珍贵的照片，图文并茂，增强了可读性。其三，全书浓墨重彩吕老富有创意的教育思想和极富特色的做法，比如：市东的"二部制"（即"三班两教室"），"第二课堂"，"一周一报告"，"问题教学法"，"教育、科技、劳动教育"三结合。写校办工厂"403电动机"诞生的那些章节，读来引人入胜。

读这部书稿时，我对"吕氏门下'将才多'"这节也颇为喜欢。这一节把我带回了充满激情的青少年时代。书中写道：凡市东中学毕业的学生，他们踏上社会后，一般都掌握了启发式和讨论式的学习方法，思维很活跃，富有实干和创新精神，有不少人成为党政军与经济科技人才。他们的共同体会是：市东是我们人生旅途中的重要里程碑，每个人对市东的培养都充满着感激之情。这里有市东情结，更有吕老的人格感召力。

书名虽然叫《吕型伟与市东中学》，但全书既写了吕老在市东中学的七年，又写了吕老离开市东之后的六十年，力求将吕型伟这样一位伟大教育家的丰富人生和他对教育的突出贡献，完整地表达出来。作为教育界的一位传奇式人物，吕老有几个特点非常突出。

其一，他的经历非常丰富。吕老担任过小学校长、中学校长，也办过杂志。他先是担任市教育局教研室主任、基教处处长，又到中央教科所当过研究员，后来还担任过上海市教育局副局长、中国教育学会副会长、中国教育国际交流协会的副会长等。这些平台，使他接触了各国许多的专家、权威，也接待国内无数的教育界人士和参观学习众多名校，使他的视野非常开阔，精神境界达到很高的层次。历数新中国成立七十多年以来的国内众多教育家，有吕型伟如此经历，以及有他那样视野和境界的人，实在不多见。

其二，他的影响很大。吕老为上海和全国教育做了许多事情，由于不胜枚举，只能仅举几例，比如：上海先行先试的高考自主命题权，以及与之配套的课程改革，就是吕老不遗余力向教育部争取来的；小平同志"三个面向"的指示，是吕老最早发现和理解其意义，并借用中国教育学会的名义，把它推向上海和全国的；另外，吕老也是上海一期课改和二期课改的奠基者和开拓者，上海的许多课程思想，最早都是吕老提出来的；在离休前后，吕老又用几年时间做了一个国家级重点课题"21世纪中小学幼儿园教育现代化的研究与实践"，在全国课改中产生重大影响。

其三，他的威望很高。几乎所有与吕老接触过的市教育局和区县教育局的同事，以及上海的中小学校长和广大教师，几乎所有与吕老接触过的全国各地的教育界人士，都会为他的人格魅力和学术魄力所折服。他在中国教育发展的各个时期，都会提出一些新的教育思想，至今为人津津乐道，并在教育实践中广泛运用。这种威望所产生的影响，在上海和全国，都很少有人企及。

在书中，还讨论了海派教育和海派教育家，这是非常有意义的。我记得在1984年，市政府聘请了一批名誉校长，如育才中学的段力佩、上海中学的叶克平、南模中学的赵宪初、市西中学的赵传家、市三女中的薛正、复兴中学的姚晶、位育中学的李楚材等。这些海派教育家共同的特征就是"引领风气之先、保持开阔视野、追求教育本源、致力务实致用"。而吕老则是他们之中的集大成者，是杰出的代表人物。

> 吕型伟与市东中学
>
> 癸卯年秋　龚学平

作为一位伟大的教育家，吕老在回顾自己一生时，觉得对自己的人生起重要作用的是两条：一是博览群书，不间断地学习；二是不间断地实践，独立思考地实践。关于实践，吕老特别欣赏郑板桥的《竹石》："咬定青山不放松，立根原在破岩中。千磨万击还坚劲，任尔东西南北风。"在新时代，广大教育工作者肩负着重要的历史使命和社会责任，更应该学习、继承和弘扬吕老的教育思想，坚持改革创新，为教育事业做出更大的贡献。

龚学平

（作者系第十一届全国人民代表大会常务委员会委员、上海市第十二届人民代表大会常务委员会主任）

目 录

绪论　中国基础教育的"活化石"　　...1

吕型伟生于1918年,从农村到城市,从20世纪到新千年,几近走过了漫长的一个世纪。他做过小学教师、校长,当过中学教师、校长,先后担任过上海市教育局普教处处长、副局长和中央教育科学研究所研究员、中国教育学会副会长、中国教育国际交流协会副会长、中国教育科学规划领导小组基础教育组组长、教育部教育发展中心专家咨询委员会委员、课程教材研究所21世纪义务教育新教材总顾问等职,亲历了中国基础教育彷徨、革新、复苏、重建、改革、振兴的全过程。

第一章　从"17岁的娃娃校长"到千人名校长　　...9

1935年,17岁的吕型伟初中毕业了。时局艰难,血气方刚的他总想着救国,想着有所作为,他最终选择了教育。那时,恰逢国民党政府招募志愿者去农村没有学校的地方办免费的短期学校,他欣然报名应聘。初生牛犊不怕虎的吕型伟,整好行装,在离家大约一百里的山上,找到一个叫白岩村的村庄,开始了他最初的教育实践。他挨家挨户动员孩子报名上学并发动村民出力捐物,最终,在破庙里辟出了教室,开始了对81个孩子的教育。整个学校,校长是他,教师是他,上课打铃人是他。很快,年轻的吕型伟成了村里威望最高的人,他也从质朴的村民和孩子们身上,深深感受到了教育的价值、意义和责任。这一经历为他15年后出任市东中学校长,一生走在教育之路,系上了坚实的第一颗扣子。

第一节　教育的种子,早早种下了　　　　　　　　　　...11
第二节　白岩村里的小学校　　　　　　　　　　　　　...15
第三节　接管缉椝中学　　　　　　　　　　　　　　　...18
第四节　32岁成为新中国首批校长　　　　　　　　　　...22

第二章　"向工农子女开门"　　　　　　　　　　　　...25

　　吕型伟为市东中学确立的办学宗旨,是"把劳动人民子女培养成国家栋梁"。为了让更多的劳动人民子女上学,吕型伟费尽心思,创造了一种"三班两教室"的办学模式,就是用30个教室招收45个班级的学生。每个学生一周有两天全天上课,另有四天是半天上课半天活动,这样既能用足校舍,又能保证教育质量,还丰富了课外兴趣活动。结果这一做法迅速在全市推广,全市在不增加校舍的情况下,多招收了近三分之一的学生。

第一节　把劳动人民子女培养成国家栋梁　　　　　　　...27
第二节　首创了"二部制"　　　　　　　　　　　　　　...31
第三节　"一周一报告"受追捧　　　　　　　　　　　　...35
第四节　保家卫国参军去　　　　　　　　　　　　　　...38

第三章　"理直气壮抓教学质量"　　　　　　　　　　...41

　　"教学方法不能满足于讲得正确,讲得清楚,还要考虑启发和鼓励学生多思、勤问,勇于异想天开;课堂教学的组织形式也不能完全按照教师事先周密设计的程式进行,要十分细致地注意学生思维活动的状况;考试考查的制度、内容和方法,必须考虑要真正反映学生的才能。"(吕型伟)

第一节　上海教育改革的一面旗帜　　　　　　　　　　...43
第二节　"教劳结合"的课程设置　　　　　　　　　　　...48
第三节　"问题教学法"的设计与引入　　　　　　　　　...51

第四节 "密集提问法" ...55
第五节 "劳卫制"体育显威力 ...58

第四章 "有个性才有自主创造" ...63

不能只重视课堂教学,还要重视课外——"第二课堂",去引导学生广泛涉猎各种书籍,组织学生开展各种课外科技、体育、文艺等活动。甚至学校环境和课堂环境的布置,也得考虑如何能引起学生求知的兴趣,有助于发展学生的智力、能力和个性。一句话:不能在划一与规范中泯灭了学生创造的天性。

第一节 社会即学校 ...65
第二节 "吕氏门下"将才多 ...69
第三节 "课内抓基础,课外搞特长" ...74
第四节 "403电动机"诞生记 ...79
第五节 地下室里种蘑菇 ...83

第五章 "教育探索,从市东起步" ...87

教育是科学,其意义在于求真。吕老说话很直,他最希望的是能解决真问题。"敢讲真话、实话,用大白话讲明白许多深奥的道理"是吕老身边人对他的一致印象。吕老所写文章篇幅一般不大,但都是"干货",个人见解十分独到而精辟,与时下抄来抄去的所谓研究泾渭分明。

第一节 人云亦云不云,老生常谈不谈 ...89
第二节 教育研究贵在创新 ...92
第三节 大兴调查研究之风 ...96
第四节 善出"金点子" ...101

第六章 "教育缔造和谐" ...105

在市东中学修旧如旧的上海市优秀历史建筑——原缉椝中学的教学

大楼南墙上,有六个金色大字赫然在目:教育缔造和谐! 这是吕型伟的亲笔题字,这是他对一生所钟爱的教育事业的未来憧憬。上海市教育学会会长尹后庆指出,吕型伟教育思想,涉及大家所关心的未来教育问题。而这些问题的提出和探讨,反映了一位老教育家对教育这一涉及人类命运的事业的前瞻性和深邃的战略思考。

第一节　多办学校,少办监狱　　　　　　　　　　　　　...107
第二节　课程改革是一个核心阵地　　　　　　　　　　...111
第三节　教师培养招数多　　　　　　　　　　　　　　...115
第四节　"云游和尚",到处劝人信"教"　　　　　　　　...118

第七章　"一个新时代　一种新未来"　　　　...123

秉承吕型伟的伟大教育思想,一代代市东人奋楫扬帆,赓续前行。随着中国步入现代化的新世纪,市东教育也与上海教育一起,走向世界,走向未来,走向现代化。

第一节　改革教育　永不停步　　　　　　　　　　　　...125
第二节　从低谷中走出,需要勇气与智慧并行　　　　　...129
第三节　守学校传统之正,创实践智慧之新　　　　　　...138
第四节　弘扬吕型伟教育思想,培育未来城市主人　　　...143

第八章　"吕老一直在身边":海派教育人访谈　　　...147

吕型伟之于市东中学、之于上海教育的影响,绵延流长。他不仅是"海派教育"的重要代表,也引领着上海乃至当代基础教育的前进方向。凡是接触吕老、熟悉吕老的人,无不深深折服于并深切感念他崇高的人格、渊博的学识、高瞻远瞩的视野。为此,我们拜访了曾在吕型伟身边一起学习工作过的前辈,他们都曾在吕老领导下工作过,也曾得到过吕老的悉心培养和指导,听听他们对吕型伟的追忆,让我们从不同的侧面了解一代教育家的风范。

袁采:服务的品格,实践的智慧　　　　　　　　　　　...149

尹后庆：吕老给了我系统性思维方式 ...152
孙元清：要在教师当中培养出一批领头人 ...157
季国强：追求教育普惠，我们永远在路上 ...160
王厥轩：吕老是海派教育家的杰出代表 ...162
顾泠沅：情系于此，心往未来 ...167

附录1：追忆——沐浴吕型伟教育思想的光辉 ...171
感受与希望 ...171
忆市东中学"文革"前的教育改革 ...174
坚持正确的办学方向，团结奋斗，振兴市东 ...182
吕老教育思想代代传 ...184
市东中学的科技教育再逢春天 ...186
端正教育思想，积极进行教改 ...190
市东中学特色教育巡礼 ...193
我的市东情结 ...195
学生心目中的吕校长 ...199
祝福您，母校 ...202
走出国门的环保娃娃兵 ...204
杏坛伟岸　桃李流芳 ...208

附录2 ...213
吕型伟主要教育轨迹 ...213
吕型伟图书室 ...215

后记 ...218

绪论

中国基础教育的"活化石"

吕型伟生于1918年，从农村到城市，从20世纪到新千年，几近走过了漫长的一个世纪。他做过小学教师、校长，当过中学教师、校长，先后担任过上海市教育局普教处处长、副局长和中央教育科学研究所研究员、中国教育学会副会长、中国教育国际交流协会副会长、中国教育科学规划领导小组基础教育组组长、教育部教育发展中心专家咨询委员会委员、课程教材研究所21世纪义务教育新教材总顾问等职，亲历了中国基础教育彷徨、革新、复苏、重建、改革、振兴的全过程。

21世纪的中国教育界,有一位年届耄耋的学者以惊人的毅力,继续进行着"21世纪中小学幼儿园教育现代化研究与实践"。这项研究和实验遍及全国16个省(自治区、直辖市)的50多所中、小、幼学校。他的精神和毅力受到国内外专家的高度赞誉。他就是中国教育学会顾问、上海市教育学会名誉会长,被联合国教科文组织授予"亚太地区普教专家"称号的我国普教界著名学者吕型伟。

少年壮志　教育救国

1918年,吕型伟出生在浙江新昌一个普通农民家庭里。

吕型伟早年丧父,母亲带着他和哥哥、姐姐三人靠几亩薄田过着艰难的日子。一转眼吕型伟8岁了,母亲牢记丈夫生前"无论多穷都要让孩子读书,不读书等于绝种"的嘱托,咬紧牙关把他送到村旁一所私塾读书。1930年,12岁的吕型伟小学毕业了。寡母哪有力量送他上中学呢?

母亲把吕型伟叫到面前说:"我是希望你能继续读中学的,但家中实在没有办法了,那就指望你能考取公费生了。"吕型伟很争气,不负母亲所望,以优异成绩考取了浙江新昌中学。

吕型伟在新昌中学艰苦奋斗了几年。1935年,时年17岁的他初中毕业了。当时,正值日寇侵略,战火纷飞,东北沦陷,华北告急。在"教育救国"口号的影响下,血气方刚的吕型伟毅然跑到新昌东茗乡白岩村偏僻的山沟里,想以办学唤醒农民的爱国之心。他跑家串户,动员世代脸朝黄土背朝天的山里人"抗日救亡",动员他们送孩子上学,一腔热血打动了农民的心,穷山村里有81名学生报名,小的6—7岁,大的18岁。白岩村有史以来的第一所学校终于在一座破庙里开学了。吕型伟成了当时中国最年轻的校长,他还包教所有学生的语文、算术、常识、音乐、体育课程。晚上,昏暗的油灯下,破庙里"高朋"满座,吕型伟向男女老少宣传抗日形势,讲述山外的世界。小山沟里的灯在黑夜中闪闪发光。

为了提高自己的业务水平,以满足山村农民对知识的渴求,吕型伟决定继续求学,去读师范,毕业后再回山村。1937年,他考上了杭州师范学校公费生。不久杭州沦陷,他又带着干粮跋山涉水四昼夜,来到万山丛中的丽水省立联师,后又考取浙江大学师范学院。他孜孜不倦地求学,直到1946年毕业后到上海教书。

在著名教育家陈鹤琴先生任校长的省吾中学,吕型伟担任教务主任。在这所共产党领导的学校里,吕型伟工作得非常舒心。除了教学,党派他办《中学时代》半月刊。为了在国民党反动派黑暗统治中站稳脚跟并团结启发一大批中间学生,吕型伟使出了浑身解数。没有一分钱资金,没有一张纸,吕型伟拿出当年白手起家创办山村小学的精神,与几个党员教师和进步学生组成采编班子,又通过各种关系取得出版许可证,再通过当局内部的一些进步人士,既弄到了白纸,又打通了印刷渠道,使得《中学时代》终于在1947年春面世,每期发行5000份,成为中学生的好朋友。只是解放前夕该刊被国民党勒令和《世界知识》《时代》等进步刊物一起停刊。

言传身教　为人师表

上海解放后,吕型伟受党指派去接管市东中学,并任校长到1956年底。在他的精心培育下,一批又一批的毕业生从这所具有光荣革命传统的学校走上社会,他们对吕型伟这位德高望重的革命教育家充满崇敬之情。

1996年,吕型伟到北京开会。他住在北师大专家楼,心血来潮,想看看昔日弟子,于是试打电话给在京的一位学生。第二天,应着门铃声打开房门,吕型伟看到100多位过去的学生齐刷刷站在门口,向他问好。时隔数十年,吕型伟已不能全部叫出这些学生的名字,但当他拿起来访学生写下的名单时,一股暖流涌上心头。当年的幼苗已成材:这百来名在京学生仅占全部学生的一小部分,其中却有部级干部两名、将军两名,其他也都是工程师、教授、医生……他感到无比欣慰。

一位20世纪50年代的毕业生清晰地回忆起高中毕业前吕校长同他进行的一场简短却关系他一生命运的谈话:"组织上考虑让你去一个很远的地方,你去吗?""去!""那里非常艰苦,你去吗?""去!""可能要多年不能回来,你去吗?""去!""好,你回家等通知吧。"当时他想可能会去新疆、黑龙江,团员应当响应党的号召。不料接到的通知是让他去苏联留学。这位学生,也就是曾在上海市闵行开发区某企业担任董事长的鲁又鸣难忘师恩如泰山。

对后进生,吕型伟同样关怀备至。吕型伟刚接管市东中学不久时,有个学生表现较差,上课捣蛋,多次触犯校规。不少老师一再提议开除这个学生,以免影响他人。吕型伟认为,开除一个学生,校方只要贴张布告就行,但这个学生的一生就毁了。所以,他坚持不开除,并继续循循善诱地对这个学生进行教育,让这个学生读到高中毕业。5年后的一天,这位学生敲开校长室的门说:"吕校长,我读高中时惹了不少麻烦,现在已经改好了,入了团,而且已在同济大学完成学业,即将奔赴边疆,特地来看您,请您放心。"吕型伟为这位学生高兴,也为自己坚持正确的教育思想而庆幸。因此,从担任校长到担任教育局普教处处长、副局长期间,他一再告诫同行和后辈:"为人师表,千万不要把学生看死,要为他们的发展创造条件。"

铮铮铁骨　教坛拓荒

吕型伟有自己独特的思路和思想,这在"文化大革命"时期一再得到印证。

那时,"四人帮"在上海市委的写作班子调吕型伟去写所谓"马列主义教育学"。这位在"文化大革命"前经常为《解放日报》《文汇报》等写社论、评论,一夜就可写8000字的写作高手千方百计找借口拖延应付,就是不写。四年中没有写下一篇文章。铮铮铁骨赢得了人们的称誉。

20世纪50年代后期,林彪在上海养病。叶群时任上海市教育局副局长,直接管吕型伟当时这个普教处处长。林彪当了"副统帅"后,一家报社的记者来找被关在"牛棚"里的吕型伟,说:"给你一个立功的机会。你和叶群很熟,写一篇叶群如何高举毛泽东思想伟大旗帜的文章吧。"吕型伟巧妙地回绝说:"我记不起了。"林彪垮台后,又是这个记者来找吕型伟,说:"你可以写一篇叶群如何一贯反对毛泽东思想的文章。"吕型伟发怒了:"当年叫我写高举,今年又让我写反对,告诉你,我不会写的,我只会讲真话、实话。人云亦云不云,老生常谈不谈是我的人生哲学。"那人自讨没趣地走了。"文化大革命"结束后,吕型伟任上海市教育局副局长。他敏锐地感觉到中国经济发展的春天要到了,而经济复苏离不开人才培养,普通中等教育已不能满足改革开放之需求。他在1979年春写的《改革中等教育结构势在必行》一文在《人民教育》上发表后引起很大反响。在他的倡导下,上海职业学校"遍地开花",商校、职校、旅游学校等为上海培养出大批会计、厨师、宾馆服务人员。这在全国开了先河。

吕型伟喜欢真抓实干,搞实事项目。20世纪80年代初,他提出"农、科、教一体,普、职、成一体办农村教育"的构想,先在上海南汇县试点,后在崇明开现场会。这个构想和做法被推向大江南北、五湖四海。

20世纪80年代中期,在他的争取下,上海的大学拥有了举办自主招生考试的资格;80年代后期,他紧抓课程改革这根"牛鼻绳",提出"多纲多本"的主张。他认为教材中繁、难、偏、旧的内容,既不利于学生成才,又不适应时代发展,于是着手编写了一套中小学各科教学指导书。每科一本,全套50多本。这套书受到了国家教育部的认可。1986年,吕型伟又发起组织编写《教育大辞典》。由顾明远担任主编,全国上千位教育界、理论界的权威历时6年编写出版的共3800万字、12卷的《教育大辞典》,填补了中国教育学的空白。之后为精益求精,编纂者们又用6年时间,对已出版的《教育大辞典》进行了补充和修正,出版了两大本合订本。中国辞书编纂界权威巢峰高度评价道:"这是里程碑式的书籍。"

20世纪90年代末期,吕型伟出版了两本著作。《为了未来——我的教育观》一书提出社会效益是衡量教育成功与否的唯一标准,而他主编的《上海普通教育史(1949—1989)》则把中华人民共和国成立头四十年间教育阵地上的"风风雨雨"都记录在册,堪称中国地方基础教育史之第一本。此时,他还受当时上海市教育局党组和中小幼教师奖励基金会的委托,着手编写"上海教育丛书"并担任主编。这套丛书收入的全部是上海市中小学优秀教师的专著。

老骥伏枥　壮心不已

望子成龙几乎是全部中国家庭的梦想。即使是物质条件不好的家庭,也会倾其所有支撑子女向"金字塔"尖步步攀登。中国教育工程古老庞大,自成体系。然而,进入新时期的中国教育面临着全新时代背景和社会形势。改革与守成,浸润与灌输,灵活与死板,能力与分数,素质与应试,形成了一连串亟待化解的矛盾,尤其是"应试教育"和高考"指挥棒",不但困扰着莘莘学子,而且困扰着教育领域的专家和领导。人们在呼喊,在思考,在探索,以求找到一条适应现代化需求而又符合教育规律的改革之路。

已届高龄的吕型伟,仍精神矍铄,思维敏捷,壮心不已,他倾尽全力探索面向未来的教育新模式。在马不停蹄的参与中,吕型伟发现中国的教育是一个极为广阔的天地,有做不完的实事、研究不尽的课题。

从1985年开始,他和他的助手连续进行了25年的研究和实验,总课题是:

面向未来的基础学校。这项研究和实验最初采取"1+1+3"模式,即由教育部课程教材研究所(人民教育出版社)、上海青浦县(现为青浦区)、北京景山学校、上海市实验学校、深圳实验学校等5个单位共同开展。其立意是围绕课程教材改革这个核心问题,抓一个县的教育整体改革和形成三个不同地区实验校各具特色的教改经验。这个课题现已遍及全国16个省(自治区、直辖市)的56所中小幼学校和教育机构。

吕型伟除了担任中国教育学会顾问、中国教育国际交流协会顾问,还身兼数十个社会职务,活动极其繁多,常常一年内就要出差20多次。除了台湾、西藏之外,全国各地他都跑遍了。

吕型伟对家乡和母校无限眷恋。1997年4月,他回到令他魂牵梦萦的家乡新昌县,还特地去寻访了他17岁时创办的东茗乡白岩小学。当年那所破庙的废墟上已新建了一所完小。吕型伟找到了当年的三个学生,其中最大的72岁,最小的也68岁了。他们激动地握着吕校长的手,热泪盈眶,久久说不出话来。吕型伟在参加新昌县教师进修学校大楼落成典礼时满怀激情地说:"我永远忘不了新昌的山山水水,永远忘不了培养、哺育自己成长的母校。"2000年,他将自己所获得的"中国内藤国际育儿奖"的全部奖金1万元人民币都捐给了母校新昌中学以建造"师恩亭",并亲笔题写"师恩难忘"四字。另外,2000年,他又决定从自己不多的离休金中,每年拿出1万元,奖励新昌中学的优秀高中毕业生,此后,他还总是不顾年高体弱,回母校亲自为学生颁奖。

2007年9月16日,为庆祝吕型伟90华诞,中国教育学会在上海主办了"吕型伟教育思想研讨会"。中国教育学会会长顾明远、中国教育发展战略学会会长郝克明等国内外教育专家100多人与会研讨。与会专家一致认为吕型伟是新中国基础教育改革和发展的重要亲历者和见证人,不但在基础教育国家决策咨询中发挥了重要作用,而且形成了独树一帜的教育思想和理论。

回顾九十多年的沧桑人生,吕型伟说:"教育之路,我选对了。"而总结自己七十多年的从教经验,吕型伟则基于自己深刻的体会,为教育作了这样极富哲理的概括:"教育是事业,其意义在于奉献;教育是科学,其价值在于求真;教育是艺术,其生命在于创新。"

(本文原作者为黄志益)

第一章

从"17岁的娃娃校长"到千人名校长

1935年,17岁的吕型伟初中毕业了。时局艰难,血气方刚的他总想着救国,想着有所作为,他最终选择了教育。那时,恰逢国民党政府招募志愿者去农村没有学校的地方办免费的短期学校,他欣然报名应聘。初生牛犊不怕虎的吕型伟,整好行装,在离家大约一百里的山上,找到一个叫白岩村的村庄,开始了他最初的教育实践。他挨家挨户动员孩子报名上学并发动村民出力捐物,最终,在破庙里辟出了教室,开始了对81个孩子的教育。整个学校,校长是他,教师是他,上课打铃人是他。很快,年轻的吕型伟成了村里威望最高的人,他也从质朴的村民和孩子们身上,深深感受到了教育的价值、意义和责任。这一经历为他15年后出任市东中学校长,一生走在教育之路,系上了坚实的第一颗扣子。

第一节　教育的种子，早早种下了

> 一生的基础，就在早年，我们若是要深知一个人的性情学业，这早年的事实必不应该轻轻略过。
>
> ——顾颉刚

浙江多奇山秀水。往绍兴东行一个小时车程有个新昌县，从县城再往东北骑行约一个小时有一个藕岸村。

藕岸村被四明山余脉包围，村前有一条叫黄泽江的溪河蜿蜒而过。二百多户人家，就在这山环水绕中安居乐业。

1918年春末夏初，吕型伟就在这里出生。

二十世纪初的中国，正值"千年大变局"的关口。最后一个帝制王朝清王朝分崩离析，民主共和方兴未艾。对于藕岸村的吕家来说，也是多事之秋：才三十多岁的父亲撒手人寰，留下了刚满一岁的吕型伟以及他的母亲和一个哥哥、一个姐姐，凭着祖辈留下的五六亩薄田艰难度日。吕型伟快要小学毕业时还生了一场在当时几乎无法救治的大病，但他心念读书，坚持参加县里唯一的一所中学的招考，结果居然被录取了，此后身体竟也奇迹般地转危为安。

少年时代的吕型伟，其实调皮得很

美国作家奥尔科特曾说："在乡村出生长大的人，等于接受了一部分最好的教育。"自然就是课堂，自然界的花草树木以及各种各样的小生物，为充满好奇的孩子提供了无穷无尽的课题。

吕型伟就是这样的一个孩子。他看乡野里所有的东西，都是乐趣。

比如看蚂蚁，他会一个人在地上蹲着看半天，脚酸了，就索性趴在地上。他喜欢观察蚂蚁在高低不平的石缝中爬来爬去。它们忙忙碌碌的身影常常让他心中涌现出无数个"为什么"。为什么有些蚂蚁满地寻寻觅觅，有些蚂蚁却挥舞着大钳子耀武扬威，有些蚂蚁则长得特别大？很多年之后他才知道，它们分别叫工蚁、兵蚁和蚁后。假如地上有一粒米饭，工蚁就会扛回"家"去。如果地上的食物比较大,搬不动,它就用触须和同伴打招呼,同伴就会回到洞里,不一会儿,一群蚂蚁就出来了,神奇的是,出来的蚂蚁刚好能把这些食物扛回去,不多不少。

有一回,他将一小块肉糜放在石板地上,想看看会引来多少蚂蚁。没多久,一只蚂蚁晃晃悠悠地过来了,再然后它撒开小细腿,快速地回去搬援兵。这会儿,它在另一个蚂蚁洞口晃了晃,甚至在第三个洞口也晃了晃。不一会儿,一个波澜壮阔的场面就出现了:中间是一小块肉糜,蚂蚁则从四面八方聚拢过来,分成两派,双方摆开阵势,黑压压两片,互相对峙。静止片刻,突然,双方都发起猛攻。打头阵的自然是兵蚁。兵蚁的两个大钳子朝对方的身体拦腰一夹,就将其一分为二,然后再夹,又一分为二,再来,还是一分为二……一切都易如反掌。没多久,石板地上就尸横遍野。这场"冷兵器时代的战争"持续了没多久,就以弱者惨败而告终。获胜方的工蚁们互碰同伴的触须,就像击掌祝贺,然后,浩浩荡荡又十分得意地扛着战利品班师还朝。

少年吕型伟呢?他作壁上观,坐山观虎斗,不亦乐乎。

他的调皮,怎止于看蚂蚁,不久之后,"追鱼"成了看蚂蚁之后他的另一个乐趣。山涧溪水中的小鱼儿,灵活异常,眼看着鱼儿就在眼前,可一伸手,就是扑了个空。甚至连家里的花猫,也往往空手而归。不过,这难不倒少年吕型伟,他发现鱼也会累,一般鱼游到一百米左右,就需要"歇歇脚"。于是,他手里拿了两块石头,当鱼要游到水深的地方时就把石头扔在它前面,迫使它掉头回游。如此反复,果然,游了一百米左右它精疲力竭了,懒懒地躺在水面上,此时,他再轻而易举地俘虏它。

鱼成了他的战利品。他倒要看看:如果鱼尾巴剪了一半,是不是就不会跟自己捉迷藏了;鱼鳍剪掉,是不是游起来不那么快了;鱼背上扎根线,是不是就可以像遛狗那样"遛"着玩了……少年吕型伟,会常常沉浸在这自创的无边的欢乐中,贪婪地享受着大自然的丰厚馈赠。

少年时代的吕型伟,更是好学得很

绍兴新昌人"勤耕读、崇孝悌、尚廉耻、砥名迹"的风气世代相传,尤其是吕型伟先辈五代都是秀才。家传的丰富藏书为吕型伟的少年时光增添了乐趣,更丰富了他的学识,也为他日后应对艰苦复杂的社会生活打下了坚实的思想根基。

藏书间在一个阁楼上，里面堆得严严实实，需要就着竹梯子吱呀吱呀地爬上去。能够识文断字之后的很长一段时光，他就钻在里面不肯出来。像四书五经、唐诗宋词元曲等，他会翻翻后罢手，倒是那些有故事情节的书，比如《三国演义》《水浒传》成了他的最爱。而《西厢记》《红楼梦》这样的书，少年吕型伟兴趣不大，也只囫囵吞枣般看看。

少年吕型伟看《聊斋》，犹如看恐怖片。由于满篇古文，艰涩难懂，在看了一遍又一遍后，才渐渐地入迷了。书里鬼怪狐狸的故事，深深地吸引了他。有一次，借着昏暗的煤油灯，他又一次沉浸在《聊斋》的神魂世界里。书上说，点一支香，就会把狐狸引来。那就点上香吧，翻两页书，再四下看看。夜极静，偶尔有阵微风吹过，顿时香烟袅袅，犹如人形般升腾……忽然，窗外啪嗒一声，吓得心怦怦直跳。等了一会儿，仿佛后背被拍了一下，一回头，什么也没有，哪来的狐狸哟。

虽然最终没有看到狐狸，但少年吕型伟却获得了无数宁静而富足的夜晚、无穷的古文知识和丰富的想象力，甚至在完全能读懂《聊斋》后，他还形成了写一手漂亮古文的能力。

他喜欢看《三国演义》，并深深地钦佩诸葛亮的才智。"舌战群儒"一章中有一句批评那些只念书、不能办事的书生的话，给他留下了深深的印象：惟务雕虫，专工翰墨；青春作赋，皓首穷经，笔下虽有千言，胸中实无一策。这让他深刻认识到，对于读书，既要看很多书，又要学着想一些事情，要能够做一些或许别人做不了的事情，学会做个"胸有点墨"的人。

他还早早涉猎了外国名著。高尔基、巴尔扎克成了他初中时期的良师益友。与同龄人相比，他的眼界因此而开阔得多。同小时候泡在阁楼一样，他常常一整天泡在学校图书馆，好像老鼠掉进了米缸，如饥似渴地汲取各种成长所需要的营养。校长看到他终日与图书相

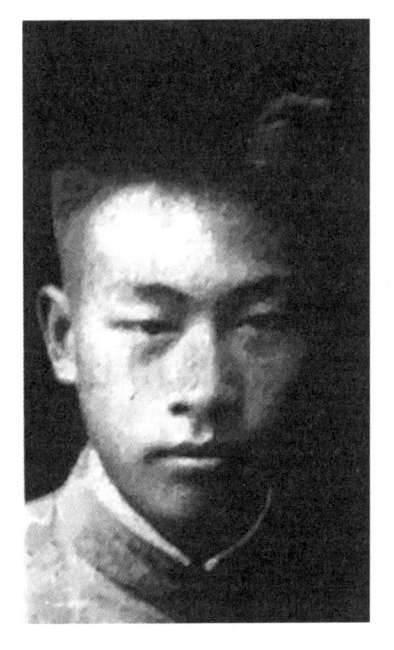

图1-1 少年时代的吕型伟

伴,连闭馆了都手不释卷,就说:"图书馆就交给你管,学校也可以省一个人。"于是,学校图书馆就由这个 15 岁的孩子管理。不光是借书、还书,甚至图书馆的经费运作,包括买什么书、买多少及图书如何流转等都由吕型伟拿主意。他成了名副其实的图书馆馆长。

少年时代的吕型伟,颇有"绍兴师爷"脉象

绍兴师爷原是谋士的代称,是明清时期官制与绍兴人文背景相结合的产物。这个地域性、专业性极强的幕僚群体,集智慧、和善、忠诚于一身,声名远播海内外。

少年吕型伟从小表现出来的机灵、点子多和成人之美品格,常常为人称道。

有一回,他参加了学校举办的作文比赛,赛题是"多难兴邦"。他反其道而论之,从一个中学生的独特视角出发思考问题,从"多难未必兴邦"入手,点出了多难可以兴邦,也可以不兴邦,兴邦不兴邦,还有其他条件。"多难"如果可以把老百姓振奋起来,团结起来,那么就可以兴邦;而如果步步退却,实行不抵抗主义,怎么能兴邦?这篇文章得了全校第一名,少年吕型伟大受鼓舞,也逐渐养成了独立思考能力和求异思维。吕老晚年回忆此事时,颇为得意,他说:"那个时候我就想着人云亦云不云,老生常谈不谈。"

少年时代,吕型伟跟叔叔家的两个儿子都挺要好,不过叔叔的这两个儿子性格迥异,一个爱读书,一个很贪玩。他跟爱玩的在一起的时候,各种小点子层出不穷,玩得趣味盎然;而跟爱读书的在一起的时候,则热烈讨论读书心得,有时候还争得面红耳赤。总之,无论和谁,他们之间的感情都是越来越好,他们之间的友谊甚至保持到耄耋之年。

……

很多时候,一粒种子生根、发芽、伸枝散叶……往往在不经意间。直到蓦然回首,才发现居然是参天大树。吕型伟,一个堪比陶行知的当代教育巨匠,当人们回看他的少年时代,探寻那块充满乡野情趣、浸染文化气息、万物生生不息的土地的时候,才回过神来,才想起"教育"这个词是在质朴无华与色彩斑斓中升腾并巍然屹立。

第二节　白岩村里的小学校

人生的价值不在于身在何处,而在于心往何处。

——奥利弗·温德尔·霍姆斯

1935年,17岁的吕型伟初中毕业了。

那个时候,读书人甚少,即使在比较富裕的江南地区,能接受教育的人最多也只有十之一二。像吕型伟那样,能有初中文凭的,就是知识分子,算个文化人了。

中国的知识分子,历来有报国救国的觉悟。血气方刚的吕型伟也一样,无奈时局艰难,他总觉得有力气无处使。

他一开始想的是实业救国。因为从小喜欢蚂蚁呀、昆虫呀这些小动物嘛,所以他很想做一个养蚕专家,发展当地的养蚕业,养更多的蚕,产更多的丝,使大家都有钱,他甚至想过考蚕桑学校。但由于时局不稳,传统产业凋敝,丝绸业前途不明,只好偃旗息鼓。后来,他又想搞机械,觉得工业也能救国,但在虽广袤却闭塞的山区,哪有这种机会?

陶行知的教育救国论让他大受启发,他也深深认同中国之所以变成一个饱受欺凌的国家,主要是因为贫、愚、私、弱,归根到底是因为没有文化。他坚信教育才是救国强国之本,只有广大老百姓有文化知识的武装了,才能有实业兴旺的基础,才能有治国经纬之才,才可能缔造社会文明。于是他从此一心关注跟教育相关的各类信息。

遇见白岩村,遇见孩子们

"机会总是青睐有准备的人。"当时,恰逢国民党政府招募志愿者去农村没有学校的地方办一些免费的短期学校,吕型伟一腔热情,欣然报名应聘,并被录取。初生牛犊不怕虎的吕型伟就这样整好行装,凭着年轻人的勇敢和真诚,来到了远离家乡百里的一个叫白岩村的村庄。这个分里白岩和外白岩的小小山村,坐落在一个很高的山顶上,只有几十户人家,祖祖辈辈没有一所学校,没有一个人念过书。吕型伟就是在这里,开启了他最初的教育实践。

所谓办学,其实是白手起家,去创建一所学校。政府只是给一点维持基本生活的津贴,提供一些教材,其余都要靠自己去创办。初来乍到的年轻人,其实是不知道该如何办学的,但他也明白,要想在这里顺利办学,首先要取得乡亲们的支持。于是,他开始了人生的第一次尝试。他找了一块高地,站在土堆上,鼓足勇气,挥着手演讲开了:"日本人打进来了,侵占了我们东三省,威胁华北,很快就要侵略到全中国,中国要亡了。怎么办?我们要抗日,我们要救国。抗日救国,先要让自己强起来,要组织起来,要人人有文化……我来办学校,你们来上学。大家放心,上学是免费的。"面对一双双半信半疑的眼睛,他又挨家挨户地宣传动员,功夫不负有心人,最终动员了81个孩子来报名读书。

学生有了,还缺校舍。这可难不住热情满腔的吕型伟。他和乡亲们商量,找到了村边年久失修的破庙。庙虽破败不堪,布满了蜘蛛网,柱子上灰尘很厚,甚至地上还横七竖八地放了几口棺材,但胜在面积够大,打扫干净还可以利用。主意一定,吕型伟就动员老乡一起帮忙打扫、布置教室。人多力量大,一个上午的工夫,庙就被拾掇得窗明几净,乡亲们还各自回家,把家里多余的桌子、凳子扛了过来。一下子,教室里方的、圆的、长的,什么样的桌子都有。又找了块木板,涂黑,钉在墙上,权作黑板用。就这样,一个简易、宽敞的教室布置好了。看着像模像样的教室,大家都很兴奋,商量好时间准备开学。

好像天生是教师

白岩村祖祖辈辈从没有人上过学堂,一时间,上学成了全村的头等大事,人们都感到新鲜。开学那一天,全村人都来看热闹,把教室围了个水泄不通,他们好奇地瞧着,看一个17岁的少年怎么上课。81个学生,三三两两地围着一张张桌子,许是因为兴奋,小脸都红扑扑的。整个课堂闹哄哄的,像水烧开了一样沸腾着,但吕型伟也不慌,他沉着地抬起手,就像无数次他见到他老师上课时的模样一般,教室里瞬间就安静下来了。他宣布上课,并规定课堂纪律:上课不许随便讲话,要听老师讲;向老师提问,要举手。面对窗内窗外黑压压的人群,年少的吕型伟一点也不紧张,他觉得这是天经地义的事情,仿佛自己天生就该这般站在课堂里,一切都是这样自然。

在这之后的整整一年里,整个学校,校长是他,教师是他,打铃的还是他。白天,他教学生语文、数学、自然、体育、音乐。晚上,他的住所常常挤满附近的年轻人,他给他们讲国家大事,讲抗日故事。他还订了一份报纸,把新闻读给他们听。面对着一双双渴求知识的眼睛,他真正融入了他们。曾经破败的庙宇,变得那么有人气,成了白岩村年轻人和孩子们眼中的神圣殿堂。

为师的意义与快乐,他体会到了

白岩村的孩子淳朴、听话。一次吕型伟无意中说起要到山上弄点花来种在庙里空地上,美化一下环境,结果第二天就很惊讶地看到,学生弄来了很多山花,还劈劈啪啪地帮他整土、种花,忙得热火朝天。不久,杜鹃和兰花开满了小院子,以至于后来吕型伟都不敢轻易开口,因为只要他一开口,学生和家长们就会忙碌起来,帮他办好所有事情。

白岩村的乡亲们善良、真挚。自从吕型伟到了村里后,乡亲们一直很关心他,他也成了他们最重视的人。见他年少,怕他晚上害怕,乡亲们还派了一个老农陪他住。而让吕型伟久久不能忘怀的,当数吃饭问题和"鸡蛋事件"了。

虽然像模像样"贵"为校长了,可吃饭对他来说却是个大问题。从未自己做过饭的吕型伟,到了白岩村,要自己照顾自己。他买了锅、炉子,学着做饭。可烧出来的饭不是糊了,就是生了;菜要么淡而无味,要么咸得要命。于是,他的衣食起居成了孩子们最关心的事情。他们瞧着老师苦恼的样子,都不忍心,于是回家向家长汇报。乡亲们就来对他说:"我们每天自己也要烧饭,不多你一个人。81个学生,3个月才轮到一天。我们每家轮流管你吃,你就不要烧了吧。"吕型伟很感动,但还是婉言谢绝了。他经过一个月的摸索,饭就烧得很好了,菜也会做了。难得添个荤,烧条鱼,烧个红烧肉,还是很有味道的。直到晚年,吕型伟还津津乐道:"自己能烧出几个像样的菜,就是在白岩村办学时练成的本领呢。"

还有一次,一个学生捧着一大碗米面来送给吕型伟吃,吕型伟立马就想婉拒,但看着学生害怕妈妈责备的怯生生样子就不忍心拒绝。孩子高高兴兴地回家交差了,但后来隔几天就有学生送米面来,有时候他一天能收到五六大碗。吕型伟怕浪费,就让学生们不要送,结果学生们又想出花样,那就是偷偷送鸡蛋。81个学生,家家都养鸡,每个学生送10个鸡蛋,他一下子就收到800多个。吕型伟再不忍心拒绝了,结果就演变成他只能天天变着花样吃鸡蛋:吃了两天炒鸡蛋,吃厌了,就改吃炖鸡蛋,过两天又吃茶叶蛋、水煮蛋,半个月下来,他什么蛋也不想吃了。再后来,甚至到了一看到鸡蛋就反胃的地步。但鸡蛋却还在源源不断地送来。吕型伟只能坚持让学生把鸡蛋拿回去,并要他们以后再也不要送来了,他告诉学生:"老师吃怕了耶。"

……

在白岩村办学只有不到一年的时间,17 岁的吕型伟却成了村里威望最高的人。无论哪家有何种大事,什么兄弟纠纷,什么婚丧嫁娶,都要找他商量。村民家里有红白喜事,都是他居中而坐,而家里的长辈都坐在旁边。旧中国有"天地君亲师"一说,教师历来受人尊重、尊敬,地位之高,非同一般。村民的态度,让吕型伟深深感受到了教师职业的价值、意义和责任。也就是这段经历,让吕型伟与教育结下了一生难解的缘分。

第三节　接管缉槼中学

> 人生的道路虽然漫长,但紧要处常常只有几步,特别是年轻的时候。
>
> ——柳青

1946 年,吕型伟从浙江大学一毕业,便只身闯荡"十里洋场"大上海。

说"只身",其实不完全是。哥哥吕型诚先他几年就在上海扎下了根,甚至还成了一个不大不小的官员。在沪的浙江同乡很多,抵沪不久,他就在同乡的引荐下,成为了私立群英中学的一名初中国文教员。

彼时的上海,正处在内战爆发前夜,局势动荡,物价飞涨,底层人民生活朝不保夕。这种背景下,能够找到一份工作,有些许薪水,已属幸矣。吕型伟借住在学校一间水泥平顶的小房子里,没有窗户,门一关,便密不透风,也不透光。好在他孑然一身,全然不理会生活的困苦,将全身心投入到教学中去。

可是"好景"不长,才半年之后,兢兢业业的吕型伟居然被解聘了!只因为校长怀疑他与进步人士走得太近,与进步报纸接触太多,有左倾嫌疑。

好在陈鹤琴做校长的省吾中学向他抛出了橄榄枝。这是一所真正的进步学校,气氛热烈,关系融洽,师生平等。在这里,他不仅很快适应了初高中的语文和历史教学工作,还在不久以后,担任了学校的教务主任之职。

业余办刊，从"粉色"到"带点红"

1947年5月，在中国共产党的暗中支持下，吕型伟与几位同事一起，发起创办了以中学生为读者对象的刊物《中学时代》。杂志半个月一期。还在被称为"上海文化第一街"的福州路上的春秋书店里，挂了牌子，专设了门市部。杂志社有两三个中学老师做编辑，其他的编辑、通讯员则由在校中学生担任。吕型伟明白，除了他自己以及一些中学生外，其他人其实都是共产党员。按照指示，为了避免暴露，这本刊物要办成"粉色"。办刊的主要任务是启发中间学生向左边靠。

作为发起人之一，吕型伟经常为刊物写评论，也写点杂文。在繁忙的教务工作之余写作，是一种考验，也因此练就了他的一支"快笔"，他甚至可以做到"立等可取"。他还常常到印刷厂去看校样，每两份连在一起的刊物从机器上飞下来，一张张、一片片、一本本……然后垒成山样高。这常常让他激动不已。

杂志的影响面越来越广，名气也越来越响，高峰时订单达5000份。要知道，当时的《新民晚报》的发行量也才几万。不久，这份只是"粉色"的《中学时代》，还是出事了。1949年1月，春寒料峭。当时，淮海战役大捷，渡江战役即将打响，胜利的曙光就在眼前！编辑部里也充满了喜悦、躁动的气息。于是，文稿的字里行间，免不了有些"得意忘形"，时不时地露了一点点"红色"。这引起了国民党特刑科的注意。为此，吕型伟单刀赴会警察局，短兵相接特刑科，表现出了非凡的勇气和智慧，不仅维护了刊物的尊严，还保护了党的同志。

图1-2 20世纪50年代的吕型伟

两个月后，充满极度不安全感的国民党当局，还是对《中学时代》与《展望》《时代》《中国妇女》《世界知识》等其他知名刊物一起下达了"封杀令"。但吕型伟此时已经成长为一个坚定的准共产党员了。

正式入党，从"教师"变成"接管大员"

青年吕型伟在业务上的卓越表现，以及此次与国民党反动派短兵相接表现出来的勇气与智慧,赢得了共产党组织的注意。地下党员董思林是吕型伟的同事,有一次找他,推心置腹地说:"你在思想上、行动上早已是我们的人,为什么还这样?"吕型伟最终被说服了。他后来自我调侃说:"革命不是请客吃饭,但革命把我请到了党内。"

1949年的冬春之交,上海滩风起云涌。这正是共产党急需人才和急需那些以国家兴亡为己任、具有使命感和责任感的人勇于担当的关键时刻。吕型伟站在了正确的一边。

随后,上海解放在即之时,在总前委的统一指挥和领导下,解放和接管上海的准备工作在丹阳全面展开。吕型伟被委以参与接管教育方面工作的重任。这段时间,吕型伟与其他同志一起,一方面焦急地等待着上海的解放,另一方面紧锣密鼓地开展对上海教育情况的摸底调查。

国民党统治时期的上海教育发展缓慢,只有少数有钱人家的子弟才有受教育的机会,整个上海只有两三百所中学,且大部分是私立学校或教会学校,公立学校只有26所。尽管这样,对学校的历史与政治背景、师资条件一所一所排摸下来,也是工作量巨大。但到5月27日上海解放前,任务全部完成。上海解放后第三天,吕型伟就到上海军管会文教组报到,正式成为上海解放后的教育"接管大员"。

霹雳手段,顺利接管缉椝中学

缉椝中学位于上海东北部杨树浦(今杨浦区),创办于1916年。"缉椝"取自清朝时候的上海道台(相当于上海市市长)聂缉椝(是曾国藩的小女婿)的名字。聂缉椝的儿子聂云台为了却其父教育救国的心愿,捐地十余亩,由工部局建屋兴学,初名"聂中丞华童公学",并聘请英国人端纳(L. H. Turner)任首任校长,1941年易名为"缉椝中学",后成为一所市立公办中学。

这些情况,他在摸底调查上海教育情况的时候就已经了解清楚了。然而,当正式接到随段力佩老校长一起接管缉椝中学的任务的时候,他还是心有踌躇。他知道,缉椝中学在国民党统治时期,就是各方势力全面渗透、政治错综复杂、人员鱼龙混杂的地方。正是因为这些,在所有26所公办学校中,缉椝中学是最后一个接管单位。

6月30日,两位"接管大员"西装笔挺,走马上任。段力佩为"一把手",任校长,全面管理,年轻的吕型伟则任教导主任,主管业务。

图 1-3 1923年的缉槼中学校貌

情况比他想象的还要严重。才第三天,吕型伟的房门上就插了一把明晃晃的尖刀。这是赤裸裸的恐吓。事实上国民党撤退前,安插了很多要员在这所学校当老师,这些人虽然工作也很积极,但个个都是"不定时炸弹"。他们中居然有省党部的书记长、省政府的秘书长、教育部的司局长、高等法院的院长,还有一个将军。有人提醒他:"国民党一整套省政府的领导班子,就少一个主席,都在你这里了,你整天坐在火山口上。"

另外,这些国民党势力还利用学生同校方明争暗斗。选举学生会主席的时候,他们也推出原"三青团"团员为候选人,与党组织推出的原地下党员代表公开竞选,还小动作不断。上政治课的时候,一些思想反动的学生就会故意捣乱,提出各种问题刁难。后经市领导批准,学校果断采取行动,解雇了17名教师。面对思想反动的学生,学校倒没有采取简单开除的做法,而是希望假以时日,通过教育引导,把他们争取过来。

就这样,几个回合之后,学校逐渐风清气正,稳定了下来。但真正让学校服务人民,服务国家建设大业,任重而道远。

……

一所国民党要员盘踞多年的中学,终于真正回到了人民的怀抱,与饱受劫难的中国一道,获得了新生。也正是这段惊心动魄的经历,让青年吕型伟从此昂首挺胸,走上了一条教育救国、教育兴国、教育强国之路,并一生痴迷于这"太阳底下最光辉的事业"!

第四节　32岁成为新中国首批校长

像牛一样劳动,像土地一样奉献。

——路遥

曙光初露,万象更新。解放后的中国,犹如青春的模样,显示出勃勃生机。

到缉椝中学半年之后,吕型伟正式接任校长之职(段力佩调任育才中学校长),成为由陈毅市长正式签发委任令的新中国首批校长之一。那年,他32岁。

32年来,从山村顽童、嗜书少年、浙大学子,到学科教师、杂志编辑、共产党员、"接管大员"……生活跌宕起伏,步履艰难坎坷。直到1950年12月起,吕型伟的教育人生,从此一路"开挂"!

从"缉椝",到"市东",校名贴印新时代

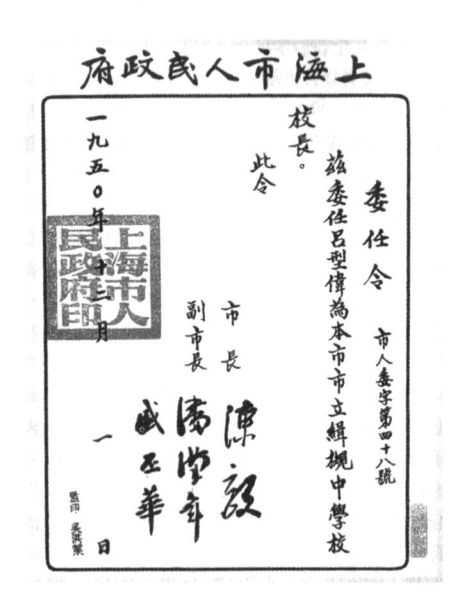

图1-4　陈毅市长签发的吕型伟委任令

以人名作为校名本身没问题,何况学校的开办初衷、育人情怀和奉献精神都是值得赞扬与纪念的,这段历史不可泯灭。但"缉椝"散发着浓重的旧时代气息,与人民当家作主的新时代显得有些格格不入。

中华人民共和国成立初期,国家处在经济的整顿恢复和社会民主改革的时期,党对教育工作相应地提出了"有步骤地进行旧有教育事业的整顿和改革"及贯彻"为人民服务的方针"的总要求。根据这一总要求,吕型伟审时度势,也广泛征求了大家的意见,果断更改校名为"市东中学",与之前的"市西中学""市北中学"和

之后的"市南中学"形成鼎立之势。新名称通俗而响亮,获得了广泛的赞许。

关于改名,这里有一个小插曲:

吕型伟初临缉椝中学时,学校被国民党、"三青团"严密控制,中共地下党和进步力量遭受破坏。半年之后,国民党和"三青团"残余的那种散布谣言、公开捣乱、明争暗斗、威胁恐吓、拉拢群众的嚣张气焰已经不在,但是各类意识形态的交织依然很激烈。在改名这个事情上,就有人提出反对意见。

吕型伟的性格柔中带刚,既有很强的党性、很强的原则性,又有以理服人的雅量。他就说:"有反对很正常嘛,大家可以议一议、论一论、辩一辩。道理说清,才能心平气顺,也是一次生动活泼的思想教育活动。"

果然,这次"议议、论论、辩辩",把人民的概念,把工农兵的概念,把新民主主义的概念,巧妙地植在广大师生的心坎上了。

尊师长,重人才,"感情""事业"赢人心

学校本就是一所老牌中学,历史不算短,甚至比他的年龄还大。因此,相比学校的其他教职员,无论是资历还是声誉,32岁的吕型伟算是很"嫩"的后生。吕型伟自己也暗暗感觉,校长威信威望的建立,是个大问题。

同时他也非常明白:威望的建立,靠"做成事",小事小威望,大事大威望;威信的建立,靠"做人",人和信立,自古恒之。

因此,他首先按照全市部署,大刀阔斧地对学校进行全面改革。采取党的团结、教育、改造方针,重点抓教师队伍建设,对教师进行思想改造,要求广大教职员同原来的旧思想划清界限,树立"为社会主义新中国服务,为广大工农兵服务"的新思想,从"教育为少数有钱阶级服务"的旧思想中转变过来。

这里有个小故事:学校里有一位原国民党的高级干部(有上校头衔的文职人员),叫张翼鸿,因为隐瞒了重大的历史问题,公安局的同志找到吕型伟,说准备逮捕此人。吕型伟诚恳地对公安同志说:"这是学校,他是老师,你们不能当着学生的面让他戴手铐,我要维护教师的尊严,能不能出了学校之后再处理?"得到公安同志同意后,吕型伟转而和这位张老师谈话:"这件事是你自己造成的,我无法帮你。希望你去了后,如实交代问题,争取宽大处理,早日重返社会,以后还当老师。"张翼鸿对此非常感激,一段时间后,果然重返校园,成了一位好教师。他和妻子一起探望吕型伟,说:"像我这样的情况,人们都像躲瘟疫一样

躲着我,唯有你,顾及我的尊严,真是没齿难忘。"

还有一个小故事:吕型伟十分倡导实践教育,在设置综合技术教育这门课程时,学校需要一位既懂教育,又具有熟练的车、钳、刨等技术的专职教师。区里有一位小学一级教师符合条件,但当时他戴着地主的"帽子",不宜担任教师。吕型伟却大胆使用其人,后来在建立校办工厂、生产"403电动机"及其他生产任务中,他发挥了关键的作用,成为校办工厂主要的技术骨干。当时使用有严重政治历史问题的人,领导是要担风险的,但吕型伟敢冒这个风险,他为了办好学校,也为了"事业改造人",大公无私,敢于担当,无所畏惧。

爱学生,讲平等,"人人有才"成校训

吕型伟对所有学生的宽厚爱护,似乎是与生俱来的。

市东中学有一千多名学生,其规模在当时算是巨大。管理这样一所学校不可谓不艰难。但吕型伟秉承"以真情换真情"信念,照顾着每一个学生的心理感受。有一个例子可见一斑:

当年市东中学有个约定俗成的规矩,就是每年寒暑假总要组织校友返校活动,借此联络感情,同时互动全国各地的校友信息。一些考取清华大学、北京大学的校友学习出色,甚至事业有成,都会兴高采烈地回到母校,而有些校友高中毕业后直接参加了工作,成为了普通劳动者,这些人有些自卑,不好意思返校。吕型伟说:"学校固然欢迎清华北大以及事业有成的校友,但也同样欢迎、重视没有考高校、直接参加工作的校友,因为他们同样是国家建设不可或缺的人才。"通过多方宣传,吕型伟一向倡导的"天生其人必有才,天生其才必有用"的平等意识,深入人心,也极大地鼓舞了学生们努力学习、全面发展、各尽其才学风的发扬光大。也难怪每一届毕业的学生,都对吕校长保持持久的爱戴与记忆。

……

32岁的吕型伟,就这样,雄心勃勃地开始了长达近十年的市东中学教育改革和学校治理[①],一步一步,树立起了上海教育的时代旗帜。

[①] 吕型伟1950年至1956年(七年)在市东中学任教务长、校长。1956年底,吕型伟调任上海市教育局教研室主任,并先后兼任普教处、政教处处长,其间仍兼任市东中学校长到1959年底。

第二章

"向工农子女开门"

  吕型伟为市东中学确立的办学宗旨,是"把劳动人民子女培养成国家栋梁"。比如为了让更多的劳动人民子女上学,吕型伟费尽心思,创造了一种"三班两教室"的办学模式,就是用30个教室招收45个班级的学生。每个学生一周有两天全天上课,另有四天是半天上课半天活动,这样既能用足校舍,又能保证教育质量,还丰富了课外兴趣活动。结果这一做法迅速在全市推广,全市在不增加校舍的情况下,多招收了近三分之一的学生。

第一节　把劳动人民子女培养成国家栋梁

达人无不可,忘己爱苍生。

——(唐)王维

20世纪80年代初,我国第一代巨型计算机"银河"研制成功。这支科研队伍受到了中央军委主席邓小平的表扬,被称赞为"国防科研战线上敢于进取、能打硬仗的先进集体"。

领导这次研制任务的是国防科技大学教授、文职少将方伟荣。他是20世纪50年代的市东中学高材生,是一个来自贫困山村、后进入城市打工的工农子弟。他回忆起了当年在市东中学时的一件几乎影响了他一辈子的事:

"1950年的夏末的一个清晨。阳光灿烂,微风习习。长兄带我去市东中学办理入学手续。我的心情好极了。此刻,我终于有了锦绣前程的起点,我就要上中学了。从山村的一个贫困农家跨进大上海一所名牌中学的大门。这无疑是圆了我朝思暮想的人生美梦。但压根儿也不曾想到的是,我的录取资格竟然被取消了。该是我看录取告示的时候,没有在意报到的时间,没有按时去报到,我的名额被预备生顶上去了。这可真是当头一个晴天霹雳,我伤心得快要哭出来了。好在长兄在场,他马上拉着我去找校长。

"这位校长不是别人,正是上任不久的吕型伟。当见到了一位工人模样的来访者时,他立刻从座椅上站了起来,微笑着迎向我们。当长兄介绍自己是上海造船厂的工人并说明来意之后,吕校长二话没说,就提起笔来写了一张纸条交给长兄,还说:'现在解放了,党的教育政策是向工农开门,你的弟弟没有按时报到,自然带来了麻烦,但是不能因此使你的弟弟读不成书,你拿着这个纸条,去教导处办理入学手续吧'。"

类似这样的故事,常常在市东中学上演。

谚语云:"若要苦,杨树浦。"学校所在地杨浦(旧时称"杨树浦"),是大上海的东北部区域,居住在这里的大都是码头工人、造船工人、纺织工人以及城乡接合部的渔农子弟,生活相对比较贫困,子弟入学率非常低。

原珠海市环保局总工程师韦敬祥在回忆童年时深情地说:"我是来自五桂山区的幸运穷少年。抗日战争时期,父亲曾跟着船老板往返上海、苏北一带谋生。之后不知为何又回到了惠民路的卷烟厂,干他的老行当。我家就搬到了大连路飞虹路的农村棚屋里住。母亲在曹家渡大自鸣钟处打工。我则留在四川北路读书。小学三年、初中三年,每天清晨,我要带着饭盒步行一个多小时到横浜桥上学,每年总是为交学杂费伤透脑筋。我早就想去参军、参干,或者去当学徒,减少家庭负担。因为祖父外婆年纪大,弟妹年幼,家里需要我帮忙干活。可父母不同意,说去考市东中学吧,如果考上了就继续读书,考不上就去学做生意。我真是很幸运。居然考上了劳动人民和工农子弟所向往的市东中学。这成为我人生的转折点⋯⋯"

吕型伟出身于山区农民家庭,只是上溯五代都是秀才而已,他对民间疾苦了如指掌,对读书的重要性感触尤深。因此,他做校长,心向百姓,成了自然而然的事。与此同时,中华人民共和国中央人民政府代表最广大人民群众的利益,坚持全心全意为人民服务。内外因合力作用下,新中国成立初期的市东中学成了普通百姓最期待的学校。

挖潜力:面向工农兵子弟

深厚的文化积淀加上多年的努力,让市东中学成了闻名遐迩的沪上名校,求学者自然纷至沓来。当时学校有30个教学班,每个班都是满额,但仍然无法满足民众,尤其是工农兵子弟的需求。

"只要思想不滑坡,办法总比困难多。"经过一番调研,市东中学创造性地实行了"三班两教室"的办学模式。就是每个学生一周两天全天上课,另有四天上半天课,半天有计划地安排各种课外活动。这样,空出来的教室,可以另招学生。原来的30个教学班,立马增加到了45个教学班。在基本不增加教室、师资的情况下,学校"扩容"三分之一。

但各种各样的课外活动也是需要更大空间、更多场所的。怎么办? 一种办法是在学校大教学楼前面的草坪上盖了一座简易的草坪式大礼堂,并在里面放了很多长木凳,需要的时候将两条木凳叠加成一个长书桌,而第三条长凳作为座椅使用,这样就顺利解决了座椅不足的矛盾。大礼堂除了平时作为集体性的大自习室之外,还经常用作放映电影或全校师生听报告的场所。另外,还在礼堂后半部空出的一部分空间，放置多张饭桌，作为用膳的场所。另一种办法是充分调用社会资源来解决学校教室缺乏的问题，比如鼓励学生到学校附近一些学生家中进行兴趣小组活动。多管齐下，便灵活妥善解决了教室不够的问题。这在当时是一种创举。

招女生：给予平等学习权利

大规模的女生享有学习权利，也是从市东等少数公办学校开始的。

数千年的封建礼教制度使"女子无才便是德"的观念大行其道，女童上学机会极为稀缺。民国时期，受西风东进影响，一些富家女童逐渐进入教会学校接受教育，但这种机会也极少。

新中国成立后，男女平等观念深入人心，女子上学风气渐开。至于普通劳动者子女的上学问题，在学校全面"向工农开放"的情况下，市东中学自然是领风气之先。

这里有一个小故事，是后来成为中国地质大学副研究员的刘文华的一段回忆：

"市东中学解放前是所男校。解放后，学校有了共产党的领导，在段力佩和吕型伟两位校长的先后领导下，改变了旧体制，向广大工农子弟开门，更扩大招收了女生。因为市东中学离我家比较近，又是公立学校，于是我便选择了市东，成为市东中学的第一批女学生。

"在入学之后，因为家里老人有病，哥嫂孩子多，经济困难，所以我虽然进了学校，却处于不稳定的状态，常常心神不定，怕学上不下去。开学不久，学校领导就组织班主任老师到学生家里家访，做普遍深入的调查工作。记得我家来的是班主任叶老师和杜老师，他们看到我家经济困难的情况，回校以后就决定帮我申请助学金。从此，我有了国家给的助学金，学习生活有了保证。我每天背上书包，早晨六点到校，一日三餐、上课、复习、做作业以及我的全部活动都在学校里进行，我可以随时得到老师的指导和帮助，过上了安心、稳定的学习生活。

"记得每当寒暑假时，市、区和学校组织集体活动，如夏令营等，老师都免费让我参加，特别是一次由市里组织的全市中学三好生去杭州西湖五日游的活动，这是我从不敢想的事情。我真正感到了生活在社会主义国家的青年学生无比幸福。把劳动人民子弟培养成国家栋梁，光给上学的权利还不够，还需要一整套行之有效的办学举措。

"1955年我考上了北京地质学院,向吕校长辞行时,他只说了一句'好啊',就递给我五元钱。当时我一句话也没说出来,心里热乎乎的。六年来,在吕校长和许多老师的帮助、关心下,我终于实现了读书上学的梦想,他们对我倾注的深厚、无私的爱,也代表了党和国家对我的期待,我只有下决心更加努力学好本领,为人民,为国家贡献自己的力量,才能不辜负学校老师对我的培养。"

三结合:教学、劳动与科技

1960年,党中央决定召开全国文教群英会,市里面随即开始讨论参加"群英会"的人选。按照比例,100多所中小学规模的杨浦区,只能分到一个名额。经过多方讨论筛选,市东中学以十年来卓越的工作业绩和名气被一致推举为全国文教战线的先进集体,学校方面则推举刘葆宏(时任市东中学副教导主任,后任上海外国语大学附属外国语学校校长)老师作为代表出席"群英会"并作大会发言。

图2-1 参加全国文教群英会的代表刘葆宏老师与在京校友合影

发言主题是什么?发言内容怎么写?经过对过去十年的审视,刘葆宏老师明确了市东中学十年教改的亮点是:教学、劳动与科技三结合。

的确,市东中学十年来,首先确立了"人人有才、人无全才、扬长避短、人人成才"的思想。既狠抓教学质量,又十分重视课外活动(包括科技、文艺、体育等等,吕型伟也在自传中称其为"最活跃的教学因素",也是他"两个渠道"理论的实践基础),让学生在活动中增长知识,还特别发展了综合技术教育理念,重视劳动教育,创建校办工厂,让学生增强劳动体验,实现了动手与动脑相结合、实践与创新相结合。如此,终于确立了市东中学"教学、劳动与科技三结合"的办学思路框架和实践模式。

这样的创新型教学模式,让20世纪50年代的那批学生,尤其是工农子弟学生,茁壮成长。一大批学生,成了建设共和国的年轻的栋梁之材,活跃在各行各业、各级各层的重要岗位上。的确,在对待工农大众这件事上,吕型伟充分遵循了党的关怀路线、新生国家的意志。

……

曾任驻德国大使、国务院发展研究中心世界发展研究所所长的梅兆荣博士说:"我作为一个农家娃,对代表人民利益的共产党怀有真挚、朴素的感情……"这一深切感受,源于市东中学吕校长与老师们的精心培养与教诲。

第二节 首创了"二部制"

> 在创造家的事业中,每一步都要三思而后行,而不是盲目地瞎碰。
>
> ——米丘林

好比工人上班有白班、夜班,甚至有"三班倒",是为了厂房和机器能够满负荷运转,产生更大经济价值和效益。吕型伟则在市东中学首创了"二部制":同一个教室,上午是这批学生,下午可能就换了一批。这是为了最大限度地给予工农子女上学的机会。这一下子让市东中学在基本不增添教室、设备和师资的情况下,由原先的30个班级增加到45个。教室重复利用,学生数增加了近三成。

这个做法带来的效益是惊人的。试想:全市中小学校如果都采取如此办法,这会让多少工农子女有了上学的机会呀。特别是新中国刚刚成立,经济拮据、百废待兴,因此,这一做法也迅速在全市推广。

其实,这"二部制"办法绝不仅仅如上所述那么简单,它是一个十分精巧而完整的体系性设计。

市东中学的"二部制",是对苏联"二部制"的改良。其完整名称叫"三班两教室",就是三个班级合用两个教室,并以时间错位的方式,满足每个班级每周都有八个半天的教室上课时间(那时候一周上课六天,两个教室就有24个半天供排列组合),另外的每班四个半天,则安排非教室内的其他课程与活动。因为有了"二部制",反而让课外活动的安排成了无法撼动的"刚性"安排,于是,市东中学的课内课外成了学校整体课程体系的"双循环"系统。这样的设计,固然源于"扩招"的需要,却成了市东中学独有特色、独具魅力的新课程架构。时过境迁,我们研究市东中学的"二部制",发现其背后具有坚实的理论支撑,其对学生直接的良好影响持续了长达半个世纪。即便现在,这种间接影响也是绵绵不绝,且必将发扬光大。

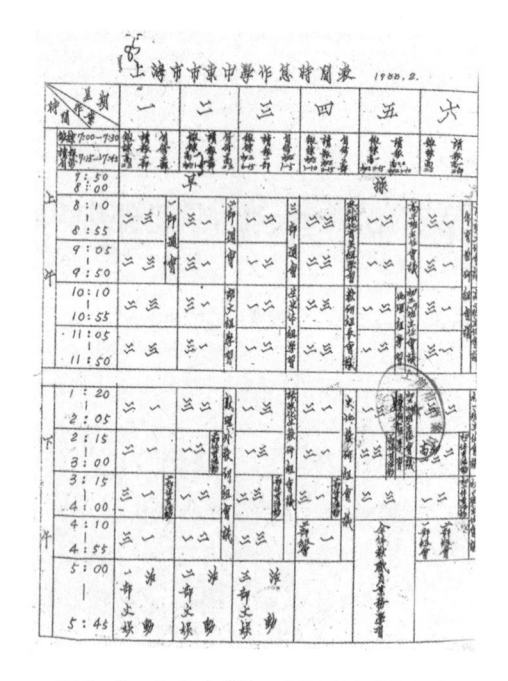

图2-2 市东中学"三班两教室"课程表

根据1952年《上海市公私立中等学校概况调查表》,市东中学在"二部制"模式下,初中共招收16个班级720名学生,平均班额45人;高中共招收9个班级 343 名学生,平均班额约 38 人;全校学生共 1063 人,全校教师共 46 人,生师比偏高(约为 23∶1)。可见,"二部制"条件下扩大招生规模,效果是明显的。当然,这也是相对增加了教师工作量的。当时的教师工资收入按照职级不同而有差异,但是没有奖金或绩效奖励,校长靠什么维持教师的工作热情和动力?吕型伟说:"教育不只是一种职业,还是一种事业。职业可以讲代价,讲报酬,而事业只能讲意义,讲献身。我认为教育工作的意义是其他工作不能比拟的。"吕型伟的这一番话,道出了"二部制"实践的教师思想与情感的基础,所以特别难能可贵。

更多的学习机会,就有更多的美好诞生

当市东中学一下子多涌进了近三成的学生,学校更热闹了,更有活力了,更有无限的可能了。何况多招收的,大都是品学兼优的工农子弟,他们简朴、勤奋、积极的人生态度,给学校带来了无限的生机和活力,也带来了积极向上、昂扬奋发的学习风气。

于是操场更热闹了。学校有一座欧式三层教学楼,楼前有一整片草坪。无论是课间还是课后,那里总是活跃着青春的身影。学生或三五成群围坐聊天,或树荫底下用俄语对话,或在篮球场上你争我抢……绿茵场上,是一幅绝美的青春画卷。

更多的自学安排,就有更多的能力提升

毕竟是忽然之间增加了那么多人,学生半天不在教室,并不等于"放羊",更不等于放学回家,而是组织起了无数个大大小小的学习小组。他们或在大小礼堂,或在操场角落,还有两个半天被安排到学校附近的学生家里。学习小组不仅一起做规定的家庭作业,还共同完成老师布置的开放式学习任务,比如读报学习、专题讨论、辩论演习、活动策划等。有时候还借助家长资源,让他们做课外志愿者辅导员,对学生进行学业指导和思想开导。因此,尽管教室紧张,但是当附近的"居室"有所开放,那里就成了第三、第四教室。

更多的活动时间,就有更多的兴趣发展

除了有意识、有组织地安排文化课自学,还蓬勃开展了各类兴趣小组活动。

学校鼓励学生以自行招募、自由组合、自主活动的方式，开展了科技类、艺术类、体育类等几百个兴趣小组活动。一些兴趣小组还自主聘请指导老师，这些老师可能是本班任课的，可能是学校里有一技之长的，甚至也可能是校外担任专业技术职务的人员。家长也被广泛动员，很多有专业特长的家长，加入到了服务学生、指导学生的志愿者队伍中。这种充分信任学生、鼓励学生"眼睛向外"的做法，不仅极大地调动了学生的自主意识和开展活动的积极性，还客观上锻炼了学生的社会交往能力。

每当学期中，学校还定期举办兴趣小组的成果展示活动。那个时候，学生犹如在过节，喜气洋洋，各类舞台演出精彩纷呈，一派欣欣向荣的景象。

更多的劳动参与，就有更多的完整教育

完整的教育，离不开劳动体验与劳动训练。市东中学的劳动教育，不是浅尝辄止、做做样子，而是真真切切地"跟工人一样"去工作。

一类是为学校师生服务的缝纫、洗衣、木工、理发等比较松散的劳动，学校允许甚至鼓励劳动者享有相应的劳动报酬；另一类是与工厂配套的产品生产劳动，组织要求比较高，是一种集体行为。学校的口号是：教学与生产相结合，理论与实践相结合，体力劳动与脑力劳动相结合，知识分子与工人农民相结合，培养有社会主义觉悟和文化的健康劳动者。

市东中学所处的周边，有不少工厂，甚至很多学生的家长就在附近的工厂上班。因此，学校有很多便利条件来让学生用半天时间进行劳动体验。除此之外，学校还率先尝试"校办厂"，一开始仅仅是组建了一个为邮局生产各种寄包裹用的小木箱子的小厂，后来小厂也生产装运机器机件的板箱。

小厂虽小，五脏俱全，厂房是沿着围墙的狭窄的弄堂；"工人"是初一、初二的学生，工厂里有学生厂长、副厂长、调度、会计、统计员、供销科长、财务科长……一整套正规工厂的内部分工；业绩评判则用"记分簿"，以工分来核算劳动报酬。"工人"除了用传统的锯呀、刨呀、钉呀，还能熟练地用上电锯等当时的新工具，且这样的电动工具也往往是高年级学生运用所学的物理知识，利用旧马达装配起来的。

……

"二部制"，这一带有鲜明时代特征的教育改革，源于发掘学校教育潜力，源

于对工农教育机会的创造。尽管是权宜之计,但是,它带给学子们的美好回忆和对他们一生的影响,是出乎意料的。这次规模宏大、边际效果极好的课程体制变革,成了日后吕型伟"两个渠道"科学教育思想真正确立的实践源头。

第三节 "一周一报告"受追捧

知识不足,可以用道德来弥补,而道德不足,任何知识都无法补偿。

——但丁

年轻帅气又儒雅博学的吕型伟在市东中学如明星般受追捧,可能源于每周一举行的全校报告会,那时候的师生们称之为周会:"每周会一会,去见吕型伟。"

20世纪50年代,为了增加广大人民群众尤其是学生群体对新生政权的了解和认同,人民政府及各进步社会团体都有去基层、去学校作报告的传统,作报告的时间相对固定,作报告的人则非常广泛,有政府官员,也有各行各业的代表性人物。这对使广大师生了解国内外形势,理解党和政府的法规与政策,认同个人肩负的职责与任务,起到了难以替代的作用。为此,学校还专门因陋就简,在校园南面区域搭建了一个硕大的、可容纳千人的竹制礼堂。就是这个"寒碜"的大礼堂,承载了市东学子最难忘的青春记忆。

吕型伟,是这个大礼堂的长期主角。

曾任上海感光胶片厂高级工程师的张逸平(市东中学1958届校友)回忆说:

"当时作报告的有很多,有的人在报告的时候照本宣科,内容枯燥乏味,使听报告的人昏昏欲睡,效果极差。而吕校长的报告却有独到之处。所以,每当听到某月某日校长要作报告的消息,同学之间会互相转告,期盼听报告的日子早点来临。在报告会的会场上,大家自觉地正襟危坐,时而鼓掌,时而肃静。听到精彩幽默之处,都会发出会心的笑声。有时候吕校长还会主动发问,台下则大声回答。用现在的话说,就是做到了讲台上下互动。

"虽然后来吕校长调离了市东中学,但他的形象,特别是他的精彩报告,令市东中学学子久久难忘。当时在校的市东校友都有一个共同的感受,就是听吕校长的报告,简直是一种享受!"

讲形势,让每一颗心灵与时代脉搏一起跳动

20 世纪 50 年代的中国,气象更新,百废待兴。首先是对于农业、手工业和资本主义工商业进行的社会主义改造,完成了把生产资料私有制转变为社会主义公有制的任务,我国开始进入社会主义初级阶段。这是 20 世纪中国的一次历史性巨变。在这个改造过程中,我国对资本主义工商业实行了"利用、限制、改造"的政策,促使其从以加工订货为主逐步向公私合营为主过渡。1956 年初,出现了全行业公私合营的浪潮,并迅速席卷整个中国。这些生动活泼的时事政治,在课堂上听到的机会不多,但在这个简易的大礼堂里,字字句句都进入了学生们的耳中、心中。

另一件对中国影响深远的事情是抗美援朝运动,这是新中国成立初期党领导开展的、以支援抗美援朝战争为核心的一次全国性的群众性运动。这个过程中锻造并形成的伟大精神,成了那个年代及之后人民弥足珍贵的精神财富。

所有这些,都与每一个中国人息息相关,更是对青春期的学子们形成了强烈的冲击。吕型伟作为一校之长,如何有效引领这艘千人航船行稳致远,领导看着,师生看着,社会各界也都看着。

人们看到听到的,是吕型伟全面贯彻党的教育方针的决心和信心,是吕型伟侃侃而谈、娓娓道来的道理和表露出的真情。每次轮到他作报告时,他总在学子们的殷殷期待中讲述他的人生经历、他的心路历程,讲述自力更生的志气和风骨,讲述新旧两个时代中百姓地位翻天覆地的变化、抗美援朝战争的背景和意义,社会动员的巨大力量……入情入理,情理交融,效果奇好。

讲修养,让每一块心田都被道德滋养

吕型伟作报告时,很少空讲大道理,尤其是在道德养成、为人处世方面。他更喜欢从故事或者生活中的实例出发娓娓道来……

一位 1956 届校友、原国防科技大学教授方伟荣十分动情地回忆起当年吕校长的一场周会:"同学们,昨天我站在楼道的窗口看,看到操场上发生了一

件看起来很平常的事。在操场跑道上横着一个跳栏没有搬走,我观察到第一个跑到跟前的同学,见到跳栏,就一跃跳了过去;第二个同学见到跳栏,就干脆一脚把它踢翻在地,然后扬长而去;第三个同学跑到跟前就绕了个弯,也不管它;最后跑来了第四个同学,他停下来,弯下腰,把跳栏扶了起来,并把它移到跑道旁边,然后继续跑步。这往后跑道就畅通了。

"这四个同学的表现反映了三种思想。第一种是事不关己,高高挂起,自己过得去就行了,见到障碍物,不是跳过去就是绕过去。第二种思想是损人不利己,踢翻了跳栏,损坏了公物,他不管;翻倒的跳栏横跨在跑道上,阻碍了两条跑道,更影响别人跑步,他也不管。这样的思想很不好。这第三种思想是一事当前,先为别人着想。他把跳栏扶起了并搬开,虽然既付出了劳动,又延误了自己的脚步,但同时也既方便了别人,又保护了公物。这样的思想就体现了崇高的共产主义思想。事情虽小,但精神伟大。请同学们自己想想:当你碰到这样的事情时,是不是应该像最后那个同学那样去做呢?如果你这样做了,那么你就是表现出了共产主义思想。你就变得崇高了。"

"一事当前,先为别人着想。"这句话就像一股清泉,注进了孩子们的心田,使他们终身受益、泽而不竭。

讲立志,让每一个人都成为建设祖国的栋梁

吕型伟将青年学子的志向教育作为十分重要的教育内容。

他常常讲:"一个人一生的成就,一个人一生为祖国、为人民作多大贡献,很大程度上取决于他是否有伟大的理想,取决于他小时候的志向。"

有一次,吕校长作了一个主题为"三百六十行,行行出状元"的精彩报告,还组织了互动讨论。当时同学们有说学习是为了升官发财的,有说是为了光宗耀祖、做人上人的。根据同学们的思想情况,吕校长说:"天生我材必有用,为社会服务才有用。"当讨论到崇高理想同平凡劳动的关系时,有同学提出:"若学习是为了做普通劳动者,是否就不需要有理想了,这样是不是没有出息?"经过讨论,同学们认识到,年轻人一定要有理想,而理想是通过诚实的劳动来实现的,处理好个人利益与集体利益的关系就是尊重劳动、尊重劳动人民。

此次报告会结束后不久,吕型伟就指示团委组织了一次全校性化妆舞会,让同学们不是化妆成帝王将相,也不是化妆成神仙妖魔,而是根据自己的理想

进行化妆设计。后来同学们有扮演船员和船长的,有扮演工程师、教师、科学家、医生、记者的,还有扮演海陆空军军官的……这深化了同学们对劳动者的认识与理解。

……

一周一报告,信息直通,思想共享,成了那个资讯不发达年代中的有效育人载体,也是立德树人的重要途径。一周一报告,让吕型伟成了学生心目中的智者、贤者、长者,也让吕型伟的学生们长了见识、增了智慧、有了榜样!

第四节　保家卫国参军去

不要逃避人生,不要妄自菲薄。要拿出勇气,有进不止。

——池田大作

青春的火焰,最容易点燃,尤其是市东中学的工农子弟们。

1950年前后,国际风云变幻无常。面对美帝国主义的觊觎之心,中国人民群情激愤。1950年7月,"中国人民反对美国侵略台湾朝鲜运动委员会"宣告成立,抗美援朝运动自此蓬勃展开。1950年10月,中国人民志愿军雄赳赳气昂昂跨过了鸭绿江,拉开了抗美援朝、保家卫国的序幕。在抗美援朝战争中,志愿军得到了解放军全军和中国全国人民的全力支持,得到了以苏联为首的社会主义阵营的配合,浴血奋战整整三年。1953年7月,《朝鲜停战协定》签订,从此抗美援朝胜利结束。1958年,志愿军全部撤回中国。

介绍这个背景,是为了让我们的思绪回到那个虽然新政权诞生、新中国成立,但是国际上依然变局不断、形势迷离的时代中去,感受一下那时候的时代脉搏。

以情感人,点燃护国热忱

也恰在这个时间,作为新任校长,才32岁的吕型伟所面对的也是形势复杂、校风需要重塑的学校。他以敏锐的感知力和坚韧的领导力,让这个同样新生的学校,与祖国同呼吸,与时代共激荡。

首先是找到真正依靠的力量。他的想法是,要让市东中学的政治气氛逐渐浓厚起来,鼓励进步团体发挥各自优势,积极开展同学们喜闻乐见的活动。充分渲染的气氛和丰富的活动,使得那个时候参加共青团的学生特别多,1200多名学生当中,有700多名是共青团员,在学校里占主流,在他们的带动下,要求入党的高中学生也很多。学校团委、学生会也非常活跃,一下子将学校的政治氛围营造起来了。

然后,学校指示各年级组利用各班业已形成的读报传统,借用晨会、午会等时间和机会,全方位向师生介绍国内形势、国际形势和战争形势。同时,通过演讲、辩论、读书读报交流会等形式,强化师生之间的思想和情感连接。

除此之外,学校还举行大游行。从市东中学一直走到市中心的人民广场。一个班级一面旗帜,有些同学还抬着大灯笼,浩浩荡荡,组织严密。往往,学生们从早上六七点钟赶到学校出发,一路唱歌,一路宣传,到达人民广场再回去,已经是晚上八九点钟了。肚子饿了,有人就啃馒头,有些零钱的学生,就在路边买大饼油条吃。即便下雨,队伍照样坚持往前走。

事情往往这样:当各种形势错综复杂、个人认识扑朔迷离的关键时刻,只要找到未来的方向,找到依靠的力量,找到改变的途径,往往就能立于不败之地。吕型伟的处事方式就是如此,他通过学校制度的重塑、行政上的布局,以及大规模活动的组织和开展,让整个学校激情荡漾、气象一新。

以理服人,形成统一意志

与此同时,吕型伟以其似乎与生俱来的演讲天赋,利用"一周一报告"的周会形式,向全体师生传递党和国家的声音,讲述传递他的切身体验和理解,回答大家的问题,疏解学生的疑虑。

曾有一段时间,恐美情绪弥漫校园。的确,美国的强大、原子弹的威力及战争动员能力,在二战时期得到了充分展现。战争的残酷,对于这些孩子的父辈、兄长来说,记忆犹新。但是大敌当前,怎么看、怎么想、怎么做,就成了当时大是大非且亟待解决的问题了。

吕型伟用自己亲身经历,讲述了中国人被欺凌、被压迫以及国家民不聊生的境遇。一个个情真意切的小故事,让同学们终于认识到,祖国不强大、国民不爱国、人民不团结,国家就没有力量和尊严,忍气吞声,在国际上也必将处处受欺负。这些道理,这些情感,吕型伟就这样成功地传递给了学生们。

全方位的沉浸式教育,果然产生意料之外的好效果。不久,学校里掀起了参军热潮。五百多名学生报名参加军事干部学校(当时称"军干校"),准备随时上前线打仗去。家长们是舍不得孩子去冒险的,而学生的爱国热情已经被点燃,怎阻挡得了他们的激情?有一位学生家长把孩子反锁在房间里,还拉上厚重的窗帘,让他不知道是否天亮。谁知,学生一晚上没睡,硬是从窗户里爬出来,赶到火车站,坚持跟着大部队出发。

……

图2-3 市东中学部分军干校学员

爱国的旗帜一旦升起,爱国的歌声响彻校园。护卫新中国的巨大决心,成了市东一千多位师生共同的情感和行动。这与其说是在护卫国家的尊严,不如说是在护卫人民心中的希望!

第三章

"理直气壮抓教学质量"

"教学方法不能满足于讲得正确，讲得清楚，还要考虑启发和鼓励学生多思、勤问，勇于异想天开；课堂教学的组织形式也不能完全按照教师事先周密设计的程式进行，要十分细致地注意学生思维活动的状况；考试考查的制度、内容和方法，必须考虑要真正反映学生的才能。"

——吕型伟

第一节　上海教育改革的一面旗帜

要想摘一朵冰雪中的雪莲,就要有爬上高山不怕严寒的勇气。

——黄药眠

市东中学具有重视实验和实践的优良传统。从建校背景看,当初的"缉椝"是在中国近代"废科举、兴学校"口号下建立的一所新式学校,从诞生之日起就带着新式教育的鲜明"胎记",不但从英国引进了全套理化生实验设备仪器,还引进外籍教师和教材,开设实验教学课。新中国成立后,随着人民政权的确立,"人民至上"理念得到认同与贯彻,市东中学的"教劳结合""普职渗透"和"实践教学"进入了一个全新的历史时期,加上独具市东特点的"三班两教室",市东中学成为当时教育与社会形势最合拍、最具行动力且最有代表性的上海教育改革的学校样板。

继往开来,"三位一体"

1950年6月16日,吕型伟题词寄语市东学子:"努力学习,掌握科学技术,准备为新中国的建设事业而服务。"也就是从那个时期开始,吕型伟的教育实践,深深烙下了国家的意志和他自己的个性特征:教育思想崇尚兼收并蓄,教育实践追求"教育、科技、劳动三结合"。同时,市东中学在20世纪50年代初期,实行了"三位一体"的课程设置,即文化课、体育课和劳动课三个方面的课程并重。这种课程设置,秉承了英制教育的优良基因,同时也响应了当时党中央提出的"教育面向工农、面向生产劳动、面向未来"的号召。从现代教育视角来看,这种课程安排,既注重学生的智力发展,又注重学生的身体素质和实践能力的培养,有助于全面提高学生的综合素质。

这种"三位一体"的课程安排,突出表现出吕型伟的"理直气壮抓教学质量"思想。

曾经代表市东中学光荣出席全国文教群英会的刘葆宏老师,是市东"三位一体"课程的拥趸和杰出实践者。她是1954年进入市东的化学老师,先后担任

图 3-1 市东中学学生在上物理课

教研组长、副教导主任、教导主任。在市东工作的九年中,她从吕型伟校长那里学到了几个"实招",使自己"终身受用不尽":一是抓教学质量检查,包括命题测验、成绩分析、寻找问题、明确提高教学质量的努力方向;二是抓预习和复习,指导和落实学生的预习,单元复习时通过办"小小展览会",鼓励学生上台系统地小结和展示单元知识,做到"教学相长";三是重视化学实验教学,组织和指导学生的课外兴趣小组,真正做到学以致用。正是这些卓越实践和突出成绩,使得她成为市东乃至全杨浦的杰出教师代表,1960 年出席了在北京举行的"群英会",并向全国教师做经验分享。

充分信任,"学生自治"

市东中学在新课程设置中,学习当时苏联的"二部制"教学,并成功进行"市东化"改造,最终确立了创造性的"三班两教室"的教学结构。这种结构,一方面出于"向工农子女开门"的形势要求,另一方面也是对"学生自治"教育理念的实际应用,即鼓励学生自主学习、自主管理、自主评价。学生们可以自己制订学习计划、自己管理学习生活,并进行自我评价和互评,这些举措,不仅培养了学生的自主学习能力和自我管理能力,还创造出许多意外之喜。

比如市东中学当年一个叫项宗庆的同学是航模爱好者。因为这个爱好,学校组建了航模兴趣小组。通过不懈努力,市东中学的航模水平在全区里面也是佼佼者。当年的"一炮打响"情景成为很多同学抹不去的美好记忆:那一次是在学校大操场上,人山人海。项宗庆用无线电遥控电动螺旋桨飞旋,缓缓升空,越飞越高,还发出了飞机特有的声响。然后"飞机"绕着操场不停地兜圈子,引得同学们发出阵阵欢呼声,那个时候项宗庆成了英雄般的存在。谁都知道,制作这样的"飞机"需要相应的专业知识和技能,而这些是课堂上不可能直接教的,完全是凭着学生的热爱和钻研,凭着他们主动请教老师、查阅文献、计算参数、反复试验,最终才会成功,才会引起轰动效应。后来,航模小组一年之间反复扩容,成为与美术组、文学组齐名的市东三大兴趣小组之一。

图 3-2　学生会经常在大礼堂内组织社团演出

说起文学组,实际上是市东中学创办的"东风文艺学校",这也是一个由学生自发组建的学校社团,活动地点是在靠近惠民路墙边的小楼,因为成功举办文艺创作成果展览而名噪一时。文学创作最丰硕的是诗词和散文。曹树钧、沈季恩等同学是其中的骨干,他们在"大跃进"中写的浪漫主义的革命诗篇,得到了广泛的传播,他们也成为了真正的"文艺青年"。

他们的能量还远不止于此。当时学校里的藏书不够,尤其是因为"三班两教室"扩招之后,借书成了很多同学的"心病"。后来三位同学发现虹口区图书馆竟离学校不远,就位于惠民路和大连路路口的一座旧仓库大楼的二楼,那里的图书不仅数量多,品类也相当丰富,于是三个文学好友都去办了借书证,从此不断去那里借书读,几乎把那里新文化运动以来的所有文学作品都读了个遍,还向班上同样爱好文学的同学推荐。文化的力量是那么巨大,它改变了一个人心中的世界,让市东的学生能够被激发、善行动、有成果。

贵在体验,"实践育人"

吕型伟提出了"实践育人"的教育理念,强调学生的个性化发展和全面素养教育,推动了市东中学的教育改革。市东中学在新课程设置中,特别强调实践教学,注重学生的实践能力的培养。学生们在课堂上不仅要学习理论知识,还要进行实践操作,如在劳动课中学习农业生产、家庭手工制作等技能,这种教学模式有助于提高学生的实践能力和创新精神。

这种实践育人,首先表现在课内的实验教学。前面说过,市东的实验,是有历史渊源的,是秉承了英制教学中的"科学实践基因"。市东的老校友汤德芳回忆起了一桩化学课上令他印象深刻的事,从一个侧面反映了那个时候实验教学的日常化情景。

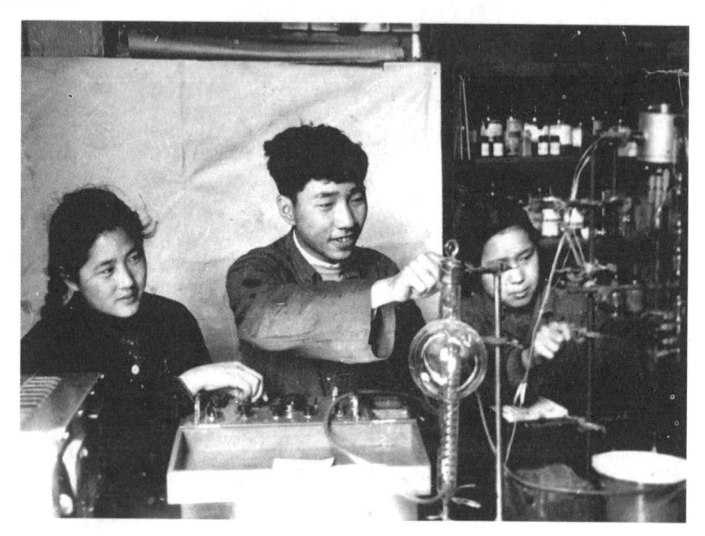

图 3-3　市东中学学生在做实验

"一次在做高三有机化学示范实验时,刘葆宏老师在煤气灯上烤着的玻璃烧瓶突然破裂,瓶内的浓硫酸飞溅到她脸上、手上及衣服上。全班同学都被这突如其来的情景所吓住,都为刘老师的安全捏一把汗,而她却镇定自若,在果断用水做了脸部、手部的简单清洗之后,继续给我们讲课。这堂课格外安静,同学们都被她这种临危不惧、特别在乎课堂现场、完全把个人安危置之度外的精神所感动。"

实践育人,还表现在走出课堂,走向学校中各式各样的管理与活动岗位。

一种是团、队、学生会的管理岗位。市东中学的团、队、学生会,是真正的群众性社会组织。共青团领导少先队和学生会,充分激发学生干部的独立工作能力,把全校团员、少先队员及学生群众团结在一起,通过组织生活和课外活动,落实学校各项工作。比如少先队会双向选择聘用高中部团员同学到初中部各中队担任中队辅导员,且每中队分配两名,这种形式的工作既使学生与学生的关系亲近融洽,有利于少先队工作的开展,又使高中学生通过少先队工作锻炼了独立工作能力,心理素质也得到了提高。还比如,高中部团员同学任初中中队辅导员期间,与初中部符合入团条件的少先队员建立一对一的谈话制度,然后从团章的学习、入团意愿的确立、入团申请书的撰写到争取入团所必备的行为规范、思想改进的要求,进行"一条龙"服务,效果很好。在这样的氛围下,学校的少先队活动丰富多彩,有文娱联欢晚会、"西瓜绿豆汤"乘凉晚会、夏令营生活。有一次,少先队在高年级同学的协助下,还像模像样地接待来自苏联的小朋友,进行了形式多样的联欢和通信活动,给外国友人留下了特别美好的印象。

另一种是校园工作岗位。卫生工作主要是大扫除,学校为培养学生良好的卫生习惯,教育学生保护好学习环境,增强环保意识,每周一次进行大扫除。学校安排高一年级学生专门负责检查评比工作,成为校园卫生"督察员"。袖章一套,权威顿升。同学们也特别珍视自己的责任与荣誉感,工作十分仔细,如在检查讲台、课桌、日光灯和门窗等的角角落落是否有尘埃时,一发现问题,就督促整改,或用随身自备的抹布擦干净。这既培养了良好的卫生习惯,又体验到了岗位责任与服务意识。

特别难能可贵的是,大量的团队活动、课外活动和社会实践活动丝毫不影响学生的学习,相反它们起到了补充、延伸学习的作用,让学生的热情得以激发,使学生得到了切实的岗位锻炼,使学生态度更积极、思维更灵活。

……

二十世纪五六十年代的上海教育,脱胎于"十里洋场"大上海的纷繁与复杂——各种势力盘踞,各种文化交织,各类思潮并存。在这样极其复杂的背景下,吕型伟能够在校长任上倾力打造出"认真读书、认真作业、独立钻研、一丝不苟"的良好学风,"爱国、敬业、求实、奉献"的良好教风,以及文化课、体育课和劳动课"三位一体"的课程格局,极其不易,极显能力。

第二节 "教劳结合"的课程设置

我们常常没法去做伟大的事,但我们可以用伟大的爱,做些小事。

——特蕾莎修女

20世纪50年代是中国历史上一个非常特殊的时期:一轮红日冉冉升起,新中国成立了,国家太平了,可以专心致志建设家园了。尽管依然贫穷,但全国人民的那股子干劲,好像火山爆发一样,一下子迸发出来,处处洋溢着勃发的建设热情。

各行各业的创造力,也得以激发。其中之一就是风靡教育系统的"教劳结合"课程设置。

"教劳结合"是指学生在学校和家庭生活中,将学习和劳动相结合,通过劳动来提高学生的劳动技能和思想觉悟。这个做法,不是设计在先,而是长期以来民间探索的成果。它最先发端于农村,通过在广大农村中建立农村小学和农村中学,让农村孩子们能够接受教育,一段时间后,成果不错,甚至出乎意料得好。于是,政府就有意识地组织城市学生到农村中参加比较简单的生产劳动,帮助农民进行生产,以此来加深学生对农村生产劳动的了解和认识。

再之后,这种"教劳结合"做法逐渐制度化,各地在"教育为主,劳动为辅"的方针下,以提高学生的思想觉悟和劳动技能为目标,形成了丰富多样的具体做法。

"教劳结合"走进市东中学

当时,市东中学就是一所著名的"教劳结合"示范学校。学校从课程设置入手,设立了劳动教育课程,包括木工、电工、机械、电子、建筑等方面的实践课程,旨在培养学生的实践能力和劳动技能;科技实验课程,主要包括生物、化学、物理、地理等科技实验课程,旨在培养学生的科学素养和实验技能;社会实践课程,主要包括社会实践、志愿服务、文化体验等方面的课程,旨在培养学生的社会责任感和公民意识;创新实践课程,主要包括创新实践、科技创新、创业教育等方面的课程,旨在培养学生的创新精神和创业能力。

"教劳结合"的课程实施一段时间后,突出的成果是学生的劳动技能得到了锻炼,劳动精神得到了提升,知识学习更加扎实。这一教育模式在一定程度上提高了学生的综合素质,是在培养学生的实践能力和创新精神方面的一次大规模探索运动。因此,也涌现了一个个颇为有趣的小故事:

有一次,清理垃圾时,同学们发现了一只小狗,它被困在垃圾堆里。于是他们立即组织起来,将垃圾清理干净,将小狗救出来,还送到了兽医站进行治疗。最终,小狗康复了,并被送到了一个有爱的家庭。

还有一次,学生们在植树时,发现了一块空地,他们决定将这块空地建成一个花园。学生们自己设计了花园的布局和种植方案,最终成功地将这块空地变成了一个美丽的景点。

再有一次,在学校组织下,学生们到附近社区、到农村地区开展帮扶活动。在帮助农民种植水稻时,由于学生们没有种过水稻,他们不知道该怎么做。但是,他们并没有放弃,边看边模仿,还主动问这问那、查阅相关资料,最终他们的种植"深浅合度、疏密适当、纵横整齐",出色地完成了种植任务,被农民伯伯交口称赞。

"三劳三帮"体现市东创造

市东中学在"教劳结合"的课程实践中,还有一些有别于其他学校的做法:

第一,学校广泛开展"三劳三帮"活动。即每周三个小时的劳动时间和三个小时的帮扶时间。在劳动时间中,学生会参与到校园环境卫生、植树造林等活动中;在帮扶时间中,学生会到社区、农村等地区,帮助老人、帮助农民种植等。这种活动让学生在实践中体验到劳动的重要性,同时也培养了他们的服务意识和社会责任感。

第二,学生自主创业。市东中学鼓励学生自主创业,学生可以通过制作手工艺品、开设小店等方式,自己赚取一些零花钱。有一次,市东中学的一位学生自己开设了一家小店,专门出售自己制作的手工艺品,最终赚取了一些钱,并将一部分捐献给了贫困地区的学生。这种活动让学生们在实践中形成了自己的创业理念和经济能力,同时也培养了他们的公益意识。

第三,学生自主创新。市东中学在劳动课程中注重学生的自主创新能力的培养。例如,市东中学的一位学生在学习手工制作的过程中,发现手工艺品的质量不够好,于是他自己研究了一些新的制作方法,最终成功地制作出了一批高质量的手工艺品。这种活动让学生们在实践中锻炼了自己的创新能力和实践能力,同时也培养了他们的自主学习能力。

第四,劳动课程与学科课程的融合。市东中学在"教劳结合"的课程实践中,特别注重劳动课程与学科课程的融合。例如,在物理课程中,学生们会学习一些物理原理,同时也会学习一些物理实验的操作技能;在化学课程中也一样,学生们在学习基本原理的同时,也会把化学实验能力作为重要的必备操作技能。这种教育模式让学生们在实践中更好地理解和掌握学科知识,同时也培养了他们的实践能力和创新精神。

图3-4 庞茗老师带领学生学习生物知识

"三位一体"成为市东模式

市东中学的"三位一体"课程是对前期探索实践的"升级"。所谓"三位一体",主要指文化课、体育课和劳动课三个方面的课程并重,注重学生的全面发展。把"教劳结合"课程中的"劳动教育与其他学科相结合"进一步完善,如在语文、数学、科学等学科中融入劳动教育,使劳动教育成为学科教育的一部分。真正确立了学生的"首要任务是学习"这一理念,也明确了学习绝不是"读死书、死读书",而是深入现实生活,情智并举,手脑并用,让知识获取与亲身体验完美结合,促进学生综合能力的提升。

……

教育与劳动相结合,其实也是中国几代教育人教育理想的一部分,当然也是吕型伟教育思想的重要组成部分,他总是站在人的培养、历史和未来愿景的角度去思考和谋划学校课程的设计与设置。也正因为此,市东中学的教育实践,始终走在那个年代上海教育的最前列!

第三节 "问题教学法"的设计与引入

充分地利用自己的头脑,去创造自己该拥有的机会。

——米敖勋

设计与引入"问题教学法",不仅是对当时普遍形成的"注入式教学法"的质疑,还是对毛泽东关于改革教育,倡导启发式教学方式的号召的响应。但在吕型伟看来,"问题教学法"更多的是源于对人的认识论的理解,这意味着他达到了一个新的高度。

追根溯源"问题教学法"

所谓"问题教学法"就是把教材的知识点以问题的形式呈现在学生的面前,让学生在寻求、探索解决问题的思维活动中,掌握知识,发展智力,培养技能,进而培养学生自己发现问题和解决问题的能力。"问题教学法"是使学生在"设问"和"释问"的过程中萌生自主学习的动机和欲望,进而逐渐养成自主学习的习惯,并在实践中不断优化自主学习方法、提高自主学习能力的一种教学方法。它充分体现了学生的主体地位,能有效地激发学生自主学习的主动性和积极性。

"问题教学法"源远流长,其可以追溯到古希腊哲学家苏格拉底的"探究式教学法"。苏格拉底认为,教育的目的是引导学生思考和探究,让学生通过自己的努力和实践来发现真理和智慧。他的教学方法是通过提问和对话来引导学生,让学生从自己的经验和观察中发现问题和答案。20世纪初期,美国教育学家约翰·杜威提出了"问题解决教育"理论,强调学生只有在学习中需要解决问题,才能真正掌握知识和技能。他认为,教育应该以学生为中心,以问题为导向,让学生在解决问题的过程中发现和掌握知识和技能。到了20世纪中期,美国心理学家杰罗姆·布鲁纳和西蒙·皮埃尔·杰特罗夫提出了"探究学习"理论,强调学生在学习过程中应该通过探究和发现来构建知识和理解。

而在我国,古代大教育家孔子就曾论述:"不愤不启,不悱不发。"这里"愤"意为发愤学习,积极思考,然后再把知识表达出来;"发"意为开其意、指导;"不悱不发"意为学生积极思考后要表达而表达不清时,则需要老师帮助其明确思路,使其清楚。对教师来讲,应该通过自己的外因作用,调动起学生的积极性。

可见,古今中外的教育大家都认为,教育应该是一个探究和发现的过程,而不是一个被动接受和记忆的过程。在课上,教师有意地创设问题情境,组织学生的探索活动,让学生提出学习问题并解决这些问题,或由教师自己提出这些问题并引导学生解决它们,与此同时向学生说明在该探索情境下的思维逻辑。"问题教学法"为学生提供了一个交流、合作、探索、发展的平台,使学生在问题解决中感受知识,在教学活动中以问题为线索,基于问题情境探索知识,掌握技能,学会思考,学会学习,学会创造,促进创造思维的发展。随着一轮轮课程改革的开展和实施,"问题教学法"的优势已日渐凸显,它是革除传统教学弊端的手段之一,也是激励学生学习的内在动力源泉。

冲破阻力探索"问题教学法"

进入近现代社会以后,教育形成了两大流派:一派以赫尔巴特为代表,称为传统派,特点是重视统一要求,打好扎实基础;另一派是以杜威为代表的现代派,重视以学生为中心,强调发展个性。欧洲多数国家受传统派的影响,强调统一,强调基础,称为大陆派;美国属于现代派,强调个性,强调自由,也称海洋派。两派各有优点,也各有缺点。我国一开始是向德国、日本学习,引进了传统派的教育理念与教育模式。二十世纪二三十年代,经陶行知、胡适等的大力推荐,杜威亲自来华宣传,现代派的教育思想一度大为流行。吕型伟在念师范时也深受影响,仔细研究了杜威的教育思想。杜威推崇"儿童中心"理论,倡导以学生为中心,以问题为导向,让学生在解决问题的过程中发现和掌握知识和技能。教育的主体是儿童,儿童将来是要进入社会的,假如听凭儿童自己发展,他们可能会与社会格格不入。究竟以社会为本,还是以儿童为本?对这个问题,人们一直争论不休。按照中国传统的思想,教育一直是以社会为本的,目标是培养治国平天下的人才。完全让儿童自由发展,不知道会发生什么情况。但是,如果大家都适应社会,那么社会由谁来改革、来推动变化呢?社会靠人来变化,而变化社会的人,我们靠什么来培养?这个人应当是有个性的。他如果没有个性,怎么去改变社会?社会之所以生动活泼、不断发展,是因为从社会中出来的人一个个都有个性。以社会为本,还是以儿童为本,这是一对永恒的矛盾。因此,吕型伟认为,最佳的方法是将二者结合起来,既考虑社会的需要,又考虑人的个性发展。

第二次世界大战后独立的新兴国家,无不将教育作为民族振兴的重要工具。斯大林时代的苏联彻底否定了杜威的思想,建立了高度集权、计划统一的教育体制。中国按照苏联模式大规模地改造和重建教育,以凯洛夫取代了杜威,俄语取代了英语,凯洛夫的《教育学》红极一时。对于有理想抱负的吕型伟而言,到市东中学当校长,是一个很好的际遇,他终于有了施展的机会,有了报国的机会,这种信念大大激发了他的工作热情,但同时也有时代的烙印。在当时的情况下,吕型伟真心实意地学习凯洛夫的教育思想,但他也有自己的想法:要取其精粹,创新发展。即使全国"罢黜欧美,独尊苏联",吕型伟也顶着压力在教学上作出大胆决策,他从考虑让儿童适应社会需求出发狠抓课堂教学质量,也从学生个性发展出发注重学生自主意识和学习能力的发展。

1953年党中央发出"教学为中心"的教育改革探索要求,吕型伟带领市东中学先行一步,进行试点。在探索中,他提出了改注入式为启发式,通过"问题教学法"来启发学生积极思考,培养能力,让学生做学习的主人。他强调动手能力的培养,改进实验教学,使学生获得更多的独立实验的机会。

备受市东师生尊崇的杨国英老师就是"问题教学法"的积极实践者。她从不照搬老教材,对不同班级按不同要求,采用不同教法。每次上实验课前,她都事先亲自做一遍,并分析估计学生可能会遇到的困难和疑问。在实验过程中,她注重培养学生的独立分析能力和解题能力,选择典型例题引导学生讨论,寻找解题规律。在批改作业时,她从发现到的学生的错误中进行反思,找出自己教学上的问题。同学们说:"上杨老师的化学课,兴趣特浓,用不着死记硬背,印象深刻。"1954年苏联教育代表团来沪访问,听了她的课后给予她极高评价,还多次在苏联的教育刊物上介绍、评论她的教学方法。

图3-5 杨国英课后在探讨问题

"问题教学法"培养了一批业务骨干

在"问题教学法"的实践中,吕型伟还倡导实行单元备课,加强对教学内容的整体研究。要求教师在通读全书内容的基础上,深入分析每一单元的科学体系和各节之间的内在联系,确定质量标准,考虑教学方法,制订单元教学计划,然后逐课备课,落实质量标准。他把主要精力放在教学改革中。全校的计划、总结、业务学习以及对教师的检查与监督都是以教学为中心。同时,建立了各科教研组与备课组,形成一套教学管理的体系,这在当时是一个重大的改革。这个时期,教师很重视教学研究,工作既有热情又踏实细致,颇有成效。

作为学校进行教改的一个点,化学组对教学方法进行了多方面的探索,取得了不少经验。他们改注入式为启发式,着眼于启发学生积极思考,培养能力,让学生成为学习的主人。他们对元素化合物教学改革的探索,取得了很大成果,并将"卤族元素"一章的教学经验向全市介绍,影响很深。在教授元素化合物部分时,为了能使学生印象深刻,老师课前进行单元备课,一齐动手制备实验器具。上课时,让学生在亲手实验、亲身体验中理解物理性质。如在教氯气时,教师制备一瓶瓶氯气,让学生在课上观察它的颜色,闻它的气味,又通过演示让学生看到金属钠、铜、铁在氯气中剧烈反应的情况,得出氯气化学性质活泼的结论。因为金属钠不宜放在一般的铜燃烧匙里燃烧,于是教师制作了玻璃燃烧匙;为了使学生看清金属与氯气反应的生成物的颜色,又制作了黑色的和白色的纸屏衬托在瓶后。老师教学生仔细观察并记录现象,再根据现象思考,自己得出结论,自己书写方程式,联系物质的性质思考它的用途、保存方法,等等。学生反映:"元素化合物内容不再琐碎、难记难背了。脑子里清清楚楚的,一想就想起来了。"学生有收获,教师工作就愈做愈有劲,还想出办展览会等来帮助学生系统地复习和综合元素化合物的知识。花了精力取得了改革的胜利,大家都无比喜悦,尝到了改革的甜头。这样的教法在今天可能已为教师们普遍应用,可在那时,这种做法却是实实在在的创新。

围绕"问题教学法"而进行的一系列改革和探索实践,提高了教师的教学水平,培养了一批业务能力强、又深受学生爱戴的优师名师。教师们互相学习,相互切磋,进步很快。1956年,上海市进行优秀教师评定,市东评出了10名,还向高等院校、兄弟学校、上级领导部门和其他系统输送了几十名骨干教师和领导干部。当时有人把市东培养和输送干部比作"割韭菜",说是"长一批,割一批,又长一批"。

第四节 "密集提问法"

君子之学必好问,问与学,相辅而行者也。
非学,无以致疑;非问,无以广识。

——刘开

吕型伟有个特点,就是喜欢在学生群里走走,喜欢在课堂里面坐坐,喜欢跟任课老师聊聊。

吕型伟抓课堂教学管理，是从抓教师备课开始的，他常常会有针对性地帮助教师备课，或与教师一起备课，然后深入课堂听课，课后与执教教师一起做课堂教学分析并提出指导意见，鼓励教师不断地改进课堂教学。基于长期深入课堂的经验积累，吕型伟发现，学生的知识随着年龄的增长一点一点累积，但是，要提高学生的思维品质，让学生深入理解学科的本质和内在逻辑，成了很多老师课堂教学的软肋。

有一次他问一个老师："苏联有一种教学方法，叫'凯洛夫高强度学习法'。我们能否学习其精髓，在课堂提问方面有所改进？"

这一问，市东中学的"密集提问法"应运而生，通过反复实践和改进，便形成了独具市东特点的教学方法。其主要包含"五个性"：

一是提问的密集性。教师在课堂上不断提出问题，让学生进行思考和回答，以激发学生的思考和探究能力。这种问题可能是连环式的，一环扣一环，使事物的方方面面得以描述，深化认知，也可能是追问式的，引导学生深入理解事物的本质。

二是提问的针对性。教师的问题应该针对学生的学习内容和能力水平，让学生在思考和回答中逐渐提高自己的学习水平。当然，学生的能力水平也有层次，这就要求教师提问时注意分层教学。

三是提问的引导性。教师应该通过问题的引导来帮助学生理解和掌握知识，让学生在思考和回答中逐渐掌握知识点。这种引导特别推崇探究型、启发式。

四是提问的开放性。教师的问题应该具有一定的开放性，让学生在思考和回答中发挥自己的创造力和想象力，将自己的生活经历、自主意识带进问题的思考中，或使其成为知识背景，或使其成为探索基础，从而更好地理解和掌握知识。

五是提问的反馈性。教师应该对学生的回答进行及时的反馈和评价，每推进一段，就需要停留一番，总结一下，这样，让学生能回望"来路"、展望"前路"，在了解自己的学习情况的同时，积聚力量，从而更好地调整学习策略和方法，向目标进发。

那么实际效果如何呢？有一次，吕型伟走进了课堂，当时教师正在讲授数学中的三角函数，向学生提出了一连串的问题：

"请问正弦函数的定义是什么?"

"请问余弦函数和正弦函数有什么关系?"

"请问在什么条件下,正切函数不存在?"

"请问如何求一个角的正弦值?"

这些问题,都是互相联系的。在提问的过程中,教师不断地引导学生思考,通过"铺路搭桥",帮助他们理解和掌握知识点,建立知识点之间的内在联系。同时,教师也会根据学生的回答进行及时的反馈和评价,让学生了解自己的学习情况,从而更好地调整学习策略和方法。

"密集提问法"的另一个含义是提问面要广。之前,教师的提问,总是围绕着班级里的五六个学生,他们往往比较活跃,也比较聪明,时间一长,自然会形成某种默契。但吕型伟提出面向全体,要让更多的学生参与问答。于是,这节课上,他看到从五六位同学的有一句没一句的对话,变成了一二十人的问答,学生有的是口头回答,有的是板书作答,有的是站起来回答,有的是书面回答。每个人的注意力都处在一种高度集中的状态。这样,班级氛围一下子就变得很不一样,每个学生都遨游在知识的海洋里了。

吕型伟很高兴,因为他一边在倾听教师的提问、学生的回答,一边也在观察其他同学。他们的具身投入、机智应对、全神贯注,让他看到了进一步提升学习

图3-6 苏联教育代表团到市东中学参观

效能的希望。他特别注意到，这种"密集提问法"，对那些学有余力和动力不足的学生更具意义，因为更多人的参与、课堂气氛更加活跃、情感传递更加细致，这不仅可以让他们更好地理解和掌握知识，还可以让他们提高自己的思考深度和探究能力，以更好地适应社会和未来发展的需要。

市东中学的教学成绩，在全市学校中总是十分亮眼。这跟重视课堂、重视学生思维品质的提升、重视持续性地改进教学方法息息相关！

第五节 "劳卫制"体育显威力

> 感情有着极大鼓舞力量，因此，它是一切道德行为重要前提，谁要是没有强烈志向，也就不能够热烈地把这个志向体现于事业中。
>
> ——凯洛夫

提起"劳卫制"，可能大部分中青年朋友都会感到陌生，但对于六七十岁的老年朋友们来说，"劳卫制"曾经是他们童年和青春的火热回忆。

让我们先把时光回溯到二十世纪前叶，看看那个时候中国民众的身体状况。一个字：差！

有多差呢？

先不说普通老百姓了，就看那时候的青年人吧。根据一项资料，1931年对全国专科以上20997名学生体检的结果显示，患有肺病、心脏病、脊柱弯曲、近视等各种疾病的学生达到36.1%，1933年，这一数据攀升到63.9%。1948年，中国人口平均预期寿命仅35岁，死亡率高达31.9‰！

强国先强民。新中国成立后，人民的身体素质和健康问题成为党和国家领导人十分关注的重大问题，体育是关系到全国人民健康、民族复兴事业的大事。

如何做呢？学苏联。当时的时代背景下，苏联作为社会主义强国，中国的"老大哥"，的确有很多经验值得学习。因为他们也有一个从积弱积贫到迅速强大的过程。苏联的体育运动水平得以提高的经验就是"准备劳动与卫国体育制度"（简称"劳卫制"）的实行。

1950年，中国体育访问团访问苏联，将"劳卫制"带回中国，北京市体育分会组织老师将相关材料翻译成中文后最先在四中和师大女附中试行,然后结合中国的实际情况,制定适合中国的锻炼项目和标准。1951年,北京市制定《暑期体育锻炼标准》和《冬季体育锻炼标准》,并在全市百余所大学和中学推行。随后上海、长沙、哈尔滨等各大城市也先后试行了与"劳卫制"相仿的"体育锻炼标准",体育活动在学校里广泛开展,学生的平均身高、体重和肺活量获得明显提高,中国式"劳卫制"日渐成熟。

1954年,国家体委正式公布《准备劳动与卫国体育制度暂行条例和项目标准》,从而掀起了全社会参与群众性体育活动的热潮,从学校蔓延至厂矿、机关、部队和农村,举国上下都沉浸在"发展体育运动,增强人民体质"的火热场景中。

市东中学自然也是一马当先,以最坚决、最忠实的态度,贯彻"劳卫制"体育的精神。本来,市东中学就十分重视体育活动,如今,"劳卫制"犹如一剂强心针,让市东的校园更加欢腾起来。

图3-7 市东中学学生用板凳来练习跨栏

"劳卫制"规定了统一的锻炼项目和考核标准,共分三个等级,分别是少年级、一级和二级。测试项目有"劳卫操"、跑步、跳高、举重、引体向上、爬绳、爬竿、射击、手榴弹掷远等,通过测试的人会获得证章和证书。

相应等级的过关测试,标准不低,难度不小,唯有坚持不懈,才能"积小胜为大胜"。为达到学生每天一小时体育锻炼的目标,市东首先抓了全校总课表设计,进行科学合理的安排,建构"德智体"三方面的相互关系,落实好"二课二操二活动"。比如尽量做到饭前饭后不排体育课,当天有体育课就不排课后体育活动,这样既保证了学生每天有一小时的锻炼时间,又确保学生不超负荷运动,有利于学生身心健康。

然后就是致力于体育课堂教学的改进。吕型伟治下的市东中学,绝不会出现"放羊式"的体育课,而是同其他基础学科、艺术学科一样有严格的备课、上课规范要求。有一年市体育中心组交给市东中学一个任务,要求市东中学为全市兄弟学校上一堂体育教学示范课。吕型伟校长十分重视和关心这项任务的完成,在百忙中抽空与执教这堂公开课的蔡应森老师一起备课,并热情指导他。从明确教学目的,到研究教学原则,再到分析教材教法、讨论合理的组织形式和课的密度及运动量……可以说是"细致到家"。公开课自然大获成功,但吕校长依然十分冷静,结束之后,做了实事求是、一分为二的分析,受到了市体育中心组领导及兄弟学校老师的好评。通过这件事,在当时的市东中学,逐渐形成了一种共识,即课堂教学,永远是第一位的,任何学科都一样!

图3-8 市东中学学生进行标枪练习

"劳卫制"体育起始于课堂,得法于课外。男子1500米跑、女子800米跑是学生最难达标的项目。市东中学的做法是:按照不同季节的特点,发动组织学生参加长跑。为了增强学生兴趣,引入了"象征性长跑"的概念,如上海至北京、成都至珠穆朗玛峰……定时定点的天天赛跑和阶段性张榜公布累计公里数和速度,极大地激发了同学们的锻炼兴趣,操场上掀起了自发长跑的热潮。

"劳卫制"不仅帮助学生锻炼出健康的身体,还增强了他们参加体育活动的信心。《关于建立体育协会工作及普遍推行劳卫制问题》中就记载了这一点:"在全面锻炼的基础上,运动技术水平也有了显著的提高,从而为实行运动员等级制和进一步提高运动技术水平打下了良好的基础……"其中,较早实行了"劳卫制"的市东中学在市中学生运动会中的"劳卫制"达标率就遥遥领先,并且经常获得运动会总分第一名,得分的运动员绝大部分也是"劳卫制"证章获得者。

事例俯首可拾:市东中学的伞塔跳伞队,在市、区伞塔男女跳伞比赛中获得了好成绩。一位叫方品宝的同学还加入了国家跳伞队,后来打破了当时男子1500米高空定点跳伞世界纪录;另一名跳伞运动员汪瑞笙同学被输送到市级滑翔飞行学校,成了一名教练员。另外,市东中学建立的男女射击队、手旗通信队、摩托车训练班等,都非常有名,成绩非常出彩。"劳卫制"成了市东中学的一张靓丽名片。

图3-9 市东中学学生在进行双杠练习

吕型伟是个清醒者。"劳卫制"体育激发了民众锻炼热情,但弊端也逐渐显现,就是以"竞技"体育取代"健康"体育,只重视田径不重视中国传统项目如武术、太极等。当然这是后话。后来他任上海市教育局副局长,主持全市基础教育工作的时候,对此进行了调整。

如今,中国已然成为了世界体育强国,我们不得不承认"劳卫制"体育在这一过程中的功勋作用。它在中国体育史上留以浓墨重彩的一笔,也留给了市东中学美好的记忆。

第四章

"有个性才有自主创造"

不能只重视课堂教学,还要重视课外——"第二课堂",去引导学生广泛涉猎各种书籍,组织学生开展各种课外科技、体育、文艺等活动。甚至学校环境和课堂环境的布置,也得考虑如何能引起学生求知的兴趣,有助于发展学生的智力、能力和个性。一句话:不能在划一与规范中泯灭了学生创造的天性。

第一节　社会即学校

> 人的生命格局一大,就不会在琐碎妆饰上沉陷。真正自信的人,总能够简单得铿锵有力。
>
> ——余秋雨

吕型伟对"社会即学校"有一番独特的解释。

他说:"从人类教育史来看,一开始并没有专门的学校,是长者(先生)为师、能者为师。后来随着社会的分工细化,学校出现了并渐渐与社会分离。现在教育又到了一个新的阶段,即学校要与社会结合起来,打成一片,社会要成为一个大学校。"具体说来,学校发展具有三个阶段的特点:

第一阶段,教育完全是家庭的责任。所谓"养不教,父之过"是也。孟母三迁的故事、岳母刺字的故事,都是家庭教育的典范;第二阶段,私塾渐行,教师成了三教九流中重要的角色,尤其是在近现代,业已成为专门的职业,"师道尊严""师尊如父"的背后,是把教育的责任全然推给了学校,推给了教师;第三阶段,把家庭教育、社(会)区教育与学校教育进行系统性的设计、整合与实践,这也是吕型伟教育思想的重要组成部分,这一阶段其实就在脚下。

这一教育思想的初步实验,最早就是在二十世纪五十年代的市东中学。那个时候,吕型伟常常说的一句话是"课内抓基础、课外搞特长",其主要的措施就是课程设置"三位一体",即学习、劳动、体育三结合。

就市东中学而言,课内的知识学习无须过分担心,市东中学有一支强悍的教师队伍,他们的敬业精神和精湛的教学艺术,是市东中学成为"名牌中学"的基础。至于"课外搞特长"以及与课内关系的高度契合,是吕型伟当年殚精竭虑的问题,也是被他创新性解决了的问题。

无实践无体验即无教育

吕型伟特别强调社会实践。他让孩子们到工厂去,到农村去,到好玩的地方去。

学校不远的地方有一间良工阀门厂,学生喜欢到那里跟工人师傅在一起,在"二部制"下,学生往往一干就是半天,还一批批地轮流着来。特别难能可贵的是,同学们在老师的指导下,边劳动边作调查研究,回校后写出了颇有质量的调查文章。学校政治教研室还把这些文章汇编在一起,出版了《学生创作论文选(党的教育方针学习专辑)》一书,极大地激发了同学们既投身实践又学理论的热情。通过生产劳动,把教育理论与劳动实践结合起来,实现了从实践到体验再到育人的无缝对接。

后来,为了方便和更高效,市东中学还于1956年建立了上海市最早的校办工厂,学生每周定时学习金工、木工、电工、钳工等项目。实践课程成了学校整体课程不可或缺的一部分。1958年,完全由学生参与制造的"403电动机"诞生,轰动全国。同学们真切体验到了那种创造的艰辛、成功的快乐,并在这种"润物细无声"的氛围中得到了精神和人格的滋养。

图 4-1 领导视察校办工厂

去川沙居家桥和严桥农村,路途遥远,学生往往在学校的统一安排下,坐车或徒步前往。一到那里,先是熟悉环境,然后跟着乡亲们做点辅助性劳动。等到渐渐眼熟手熟,同学们就会跟"庄稼汉"一样"挥汗如雨",脸晒得黑黑的,膀子练得鼓鼓的。他们体验到了农民的艰辛,也自然理解了"汗滴禾下土,粒粒皆辛苦"的真切含义。

有问题有冲突才有成长

有一次,一个高中生写给吕校长一封信,内容大意是,为了丰富学生的生活,建议学校举办周末交谊舞晚会。吕型伟将这封信张贴在了学校的宣传栏上,还在旁边写上批语,提出"学生应该不应该跳交谊舞?跳有什么好处?不跳有什么好处?"的问题,并让全校师生展开讨论,然后由大家来决定是否举办。大家热烈讨论,绝大多数师生认为中学生不适宜跳交谊舞。后来,吕校长在校会上正式表态,指出中学生跳交谊舞有利有弊,但弊多利少。学生课外活动要丰富多彩,有利于学生身心健康和学习发展的活动应该多开展。

当时亲历这件事的一个同学在几十年之后回忆说:"吕型伟从来不以势压人,他总是以平实的语言、巧妙的方法来帮助同学们理解事物的真假、对错与利弊,以理服人,以情感人。"这件事的处理方式,让这位同学一生受益,成为他学生时代学到的"奠定一生的思维方式",即讨论有利于明辨是非、求得真理。

还有一件事。学校附近的良工机器厂是市东中学的另一个劳动基地。为了让学生们有更真切的体验,每个参与劳动的学生与工厂订立了"劳动合同",和工人们共同劳动。每个学生也都摩拳擦掌,决心把自己锻炼成为能文能武、有觉悟的社会主义劳动者。

"新工人"被分配在车间的各个部分,干着不同的工作。有的同学戴上笨重的护目眼镜,坐在地上一锤一锤地敲打铸件毛坯。敲久了,会使人头晕眼花,锤头一放下,连手指都伸不直,一些学生就有了畏难情绪,可是当看到"老工人"叮叮当当地熟练敲打,几块小铁壳飞溅起来,露出铸件青色光亮的本来面目的时候,他们也就不再叫苦了。还有的同学则从事装配的工作,他们将扳头套在螺丝帽上,将螺丝帽一个个扳松、取下,再将各个部分拆开,用油洗净,然后装配好,最后加上新的零件。这种琐碎的工作,也让刚刚沾手的同学们苦不堪言,自己一身脏也就算了,关键还"枯燥乏味"。可是当看到通过敲打、砂磨、钢刷,工件在他们手里逐渐变得漂亮起来之后,成就感油然而生。

工厂的广播里,也常常播送突破生产指标的消息。工人们都在比先进、赶先进,这些血气方刚的学生怎么可能甘愿落后?竞争的热情一旦燃起,同学们你追我赶,热火朝天。一次,广播里说:"如果石油开采机能提前交货一天,国家就能多生产价值八万多元的原油!"这大大地鼓舞了同学们,令他们在工作中即便累得满头大汗,也满不在乎,不肯歇一歇。

在平凡的劳动中,同学们逐渐体会到每一个细小的工序都关系着国家建设。一位同学说:"本来我以为只有当工程师、当专家才能对工业建设作出贡献,现在才知道敲榔头也很重要。"

还有些同学自以为自己是高中生了,看不起普通工人的劳动,认为这种劳动简单、没意思。在实际操作中,他们改变了看法,认识到体力劳动也需要文化知识,光用力气是不行的。一位同学真诚地说:"工人在劳动中找到窍门,并不比我们做出一道数学难题简单。"当他们从工厂大门散工出来的时候,收获的是社会大家庭的真知、真情和温暖。过去有些女同学嫌工人脏、身上都是污渍,可是现在她们自己从工厂劳动回家,身上、手上沾满了铁屑和油污,心情却很轻松、愉快。她们走在大街上,充分感受到了作为一个劳动者的光荣和骄傲,感受到在祖国石油工业建设上,她们也贡献了一点力量。

面向孩子,面向社会,面向未来

一位哲人说过:"爱自己的孩子是人,爱别人的孩子是神。"

吕型伟的爱,不仅蕴含着对工农子弟、广大人民的感情,还蕴含着深切的民族爱、祖国情。因此,他的伟大师爱,不仅真切,而且深厚。

所以在他看来,面向孩子,就是要形成儿童立场、儿童视角,以他们的喜怒哀乐为重点开展教育事业。这是一种只讲付出不计回报的、严慈相济的无私之爱,是基于健康心态的"成人之美"伟大情感。"捧着一颗心来,不带半根草去"生动地诠释了这种无私的情愫。这种爱一旦真正建立,学生就会体会到学校生活的美好,体会到生命的美好,就会"亲其师而信其道"。当你心向孩子,孩子也会向着你,向着他理想的目标前进。

吕型伟强调,教师从事教育,一定要面向社会、面向未来,就是要"堂堂正正做人,实实在在做事"。教师首先要有"学高为师、身正为范"的自觉,然后以此去教育我们的孩子,去理解这个社会,最终在这个社会立足。

一次,吕型伟对身边的人说:"科技日新月异,现在都开始克隆人了,还有纳米技术等。未来的学习究竟是什么状态?未来的学校究竟怎么样?我们要思考。100年后,现在的学校模样还存在吗?我们现在就要思考这个问题,要未雨绸缪。面对未来,要有我们中国教师的声音。"

……

"看一所学校的教育质量,不能只看考试分数和升学率,而是要看学生离开母校二十年之后,在社会和职场的成就水平。"吕型伟就是在这种面向未来的理念指导下,兢兢业业,艰苦奋斗,才让一大批市东学子以及受过他的教育思想恩泽的学生们,后来都成长为国家建设的栋梁之材、有用之人。

第二节 "吕氏门下"将才多

光亮的人物倚立在简朴的门前。

——里尔克

1992年,经中国政府推荐,通过国际竞争,钱积惠出任国际原子能机构副总干事,是当时中国人出任该联合国组织的最高职务。去维也纳赴任前,江泽民总书记邀请钱积惠在他家交谈了近一个小时。由于工作佳绩受到各成员国和总干事的一致赞赏,钱积惠被一再挽留连任,直至2002年底,他也成为该机构中任期最长的副总干事之一。在十年半的任职期间,钱积惠走访了50多个国家,访问了世界上为数众多的核研究机构,参加了数不清的国际会议,成为当时世界上举足轻重的核物理学家。

钱积惠的中学时代,是在市东中学度过的。

他回忆道:"市东中学当时在吕型伟校长和党支部陈文钦书记的领导下,建立起良好的校风和学风,组织了一系列有意义的教育活动,为我的爱祖国、爱人民的人生观的形成,打下了坚实基础。回顾我一生所走过的坎坷道路和取得的成绩,我认为是市东六年的学习生活,引导我开始走上人生奋斗之路,对我的一生有着决定性的影响。"

事实上就是这样,吕型伟,这位喜欢扎在学生堆里的校长,一直在或直接或间接地影响着市东学子的成长。

上海交通大学教授、曾任上海现代应用技术研究所副所长的钱存泽在《三

图 4-2 中国核动力设计研究院名誉院长钱积惠(右)

年与三十八年》一文中写道:"1958 年 11 月起,我在交大任教,从事教育与科研工作,整整三十八年,直到 1996 年退休。在这三十八年里,我从助教升为讲师,而后升为副研究员(副教授)。先后担任过党支部书记、教研室副主任、系务委员,曾担任过上海市中医工程研究会理事长、上海现代应用技术研究所副所长、全国气功科学研究会委员、中华气功进修学院专家委员会委员等职。也曾经获得过系先进工作者、校好党员、优秀党员、优秀教师等称号。我在核动力工程专业任教,主要从事核辐射电子技术及设备的教学和科研工作,以及生命科学领域的中医仿生工程方面的研究开拓工作。我从事核辐射测量电子技术及设备的研究开拓工作,主要专题有'256 道核辐射能谱分析仪''万进位定标器''线形脉冲放大器''计数仪'以及'零功率反应堆控制棒调节仪'等。在科研工作上,开创了中医仿生工程的新领域,开创了近红外信息生物效应研究的新局面。曾先后编著'核物理电子学''核辐射测量电子技术''核电子技术及仪器''气功科学原理'等课程的材料,并开设了相应的必修课和选修课,专著有《气功原理与应用》,译著有《人体能场探索》等。在执教的三十八年中,我的教学方法和教学效果是深受学生们的称赞和欢迎的。在讲课的时候,力求做到:讲课不用讲稿,语言简明生动,书写条理清晰,内容重点突出,采用启发式、讨论式引导学生深入掌握学习内容,且章节均有归纳小结。事实上,这套教学方式方法,是我从市东母校任课老师那儿借鉴学习过来的。每当我在教学工作上取得成绩、受到表扬的时候,我总会想起市东母校吕型伟校长及任课老师所给予的启示、所树立的优秀榜样!我在市东母校求学的三年,是'堂堂正正做人,实实在在做事'在我脑海中生根发芽的三年,而我在交大执教的三十八年,是市东精神在我的事业上开花结果的三十八年。"

杨达洲是新华社驻外的资深记者。他在长达44年的工作历程中,始终秉承"堂堂正正做人,实实在在做事"的宗旨而服务国家。1977年,南斯拉夫总统铁托访华,在国内掀起一股"南斯拉夫热"。当时,中国正处在最高领导层交替、国家发展方向彷徨的敏感时期,杨达洲以责任和担当,尖锐指出:"南斯拉夫的道路不可学,它的'工人自治'是'政治戏法'而已。"不久后,他随我国著名外交家、经济学家宦乡和政治经济学家孙冶方考察南斯拉夫、罗马尼亚。回国后在给党中央的报告中,再次力陈不能向南斯拉夫学习,与党中央前一年派的第一个考察团的结论截然相反。没过多久,"南斯拉夫热"也消散了。又如冷战结束后,国内流行"多极化时代,中国也是一极"的论调。杨达洲以其长期从事新闻工作的政治敏感,从一开始就反对这个提法,1997年更是发表近万字长文,公开批判这个提法。有不少朋友为他捏一把汗。2002年夏,有位领导同志接见了杨达洲,充分肯定了他仗义执言的大无畏精神。

施雨农,1955年8月毕业于市东中学,在校学习期间品学兼优、全面发展,是最受吕型伟器重的学生。他曾任校团委委员和学生会主席,1953年被学校推荐出席上海市第三届各界人民代表会议,高中还没毕业就当选为榆林区(即后来的杨浦区的一部分)第一届人民代表大会代表,后又当选为上海市第一届人民代表大会代表。施雨农毕业后长期在北京学习和工作,多年以来一直担任北京校友会的会长,与分布在北京的市东中学校友经常联系、沟通。他是中国铁路运营系统专用电子计算机(BTD-1型)的设计和研制者之一,其本人或攻关项目曾获得全路科技大会奖、铁道部科技进步奖一等奖、国家科技进步奖一等奖等。他曾是铁道部电子计算技术中心主任,主持了国家重点攻关项目铁路运营管理信息系统的规划、设计和建设工作。在他特别繁忙的日子里,还承担"计算机网络软件"的教学任务,参与筹建了拥有32个终端的小型电子计算机实验室,建设成功国内第一个实时计算机网络……可以说,他的一生,奉献给了中国的铁路事业和中国的信息产业事业。

从市东中学走出去的杰出的党政军与经济、科技人才,数不胜数。如上海市人大常委会主任龚学平,上海市人大常委会副主任周慕尧、包信宝,上海市人民检察院检察长吴光裕,解放军工程技术学院院长王亮少将,中国人民外交学会会长、中国驻德国特命全权大使梅兆荣,中国人民外交学会副会长、中国驻温哥华和悉尼总领事段津,中国工程院院士周仲义,华东师范大学校长张瑞琨,中国驻荷兰大使朱曼黎,联想集团副总裁曹之江,中国石油化工集团公司副总经理王基铭等。曾任中联部研究室主任、新闻局局长和中国国际交流协会总干事的吴兴唐感慨:"市东是我人生旅途中最重要的里程碑。我对市东,说不清是情、是爱、是敬,或是这几种情感的融合。回顾以往,对市东培育之恩充满感激之情。从15岁到20岁,青春年少,市东给了我知识、学问和人生的方向标。从1950年到1956年,火红年代,我在市东随着时代的脚步度过了难忘的岁月。市东校友,除上海外,恐怕最多的是在北京。在北京有一个市东校友组织。每当吕型伟校长来京,无论他多忙、安排的活动多紧,他总是要抽出时间来,同他的学生们相聚和交谈。我们都十分乐意参加这样的活动,包括那些身居要职的部长、将军级的军队干部、司局长、大学校长、教授、工程师、医生、编辑……都能热烈响应。"

这是市东情结,是吕型伟的人格感召力!这种力,不是无缘无故产生的,而是源于他对教育、对学生最真切的、无与伦比的爱。

不妨插一个小故事,是吕型伟在一篇回忆录里透露的:

1955年的一天,我正在办公室伏案写东西。听到有人敲门,进来的是个年轻人。一看见他,我心里就咯噔一下:出事了!

我不会忘记这个学生。就是这个学生,思想很"反动",上课时尽捣乱,平时也不守纪律,总提一些当时被认为是大逆不道的问题,如:我们为什么要一边倒?为什么要倒向苏联?苏联为什么要占领旅大?老师们都很头疼,不止一次地建议要开除他,根据他的违规记录,确实也可以开除了。我也想签署"开除令",但笔刚提起来,就又放了下去。解放时间还不长,年轻人的思想转变总是需要时间的。至于不守纪律,甚至做些出格的事,完全与他的思想有关。我假如这么轻易地开除他,就把他的后半辈子给断送掉了。

他多次犯校规,我一忍再忍,一直寻思着再给他一次机会,再教育教育,就这样,一直拖到毕业,我都没有开除他。他从学校毕业后,我一直担心这个人会干什么坏事。时间一晃过去了5年,我也渐渐将此事淡忘了。

没想到,他这次突然来了。我冷冷地说:"是你啊!什么事?"我也不让他坐。

他只好站着,说:"校长,我知道你对我印象不好,我也觉得自己实在很坏。我今天来是想和校长说一句话,我要到一个边远的地方去工作了。也许,以后回上海的机会不多了。走之前,我想要对您说,校长,你的学生现在改好了,而且已经入团了,你放心吧!"我听了,一下子反应不过来,有点意外,有点感动,连忙说:"你,你坐下来谈。"

原来,他毕业之后,考上了同济大学。在大学里,他加入了共青团。现在毕业了,他响应国家号召,准备支援边疆建设。几年来,他一直对我有种负疚感,所以借这个机会来解开这个心结。经他这么一说,我心头一热。

这件事对我教育也很大,从此,我树立了一个信念:人是可以教育好的,学校不能轻易地处分一个学生。处分容易,给他一次机会难。也许,他做坏事是各种因素促成的,在变坏的过程中,他也多次想改过来,可惜很少有改正的机会。

教育是潜移默化的,而且有阶段性、延续性。小学阶段没有教育好的学生,到了中学阶段、大学阶段也能教育好。我们的教育应该有力量把一个不好的学生教育过来,要有耐心,还要宽容,要允许学生犯些错误,做些出格的傻事。

"永远感激市东中学,感激当年的老师们,感激老校长。我们都知道,要办好一个学校,除了正确的教育方针外,最重要的有两点,即要有一个好的校长和一批好的教师。市东令我们难以忘怀的恰恰就是这两点。当时就是吕型伟任校长,他熟悉教育规律、事业心强,不仅当校领导,还亲自讲课,并经常给学生们作报告。动之以情,晓之以理,很受大家欢迎。吕校长常说:'一个人一天不看报是个缺点,两天不看报是个错误。'于是,终身学习,就成了我们市东学生共同的特征……"

这是广大市东学生共同的心声,也是他们终身的骄傲!吕型伟曾说:"老师是世界上真正富有的人,因为他拥有的是桃李满天下。他拥有的不是金钱,是经过他培养的人才,而人才是无价的。"

第三节 "课内抓基础,课外搞特长"

> 我们的认知边界,就是我们世界的边界。
>
> ——尼采

二十世纪五六十年代,中国正处于社会主义革命和建设的初期,学校教育也面临着许多挑战。其中突出的有两点:一是如何贯彻1953年党中央关于克服"忙乱",把教学工作放在学校工作的中心地位的要求;二是如何贯彻毛泽东主席提出的教育要使学生在德、智、体诸方面生动、活泼、主动地得到发展。

作为学者的吕型伟,深谙世界教育发展史。他知道教育学流派纷繁复杂,也知道以"强调统一、强调基础"的赫尔巴特、凯洛夫为代表的大陆派与以"强调个性、强调自由"的杜威为代表的海洋派表面上看起来水火不容,实际上可以兼而得之。于是,他创造性地提出了"课内抓基础,课外搞特长"。

市东中学的"课内抓基础",可谓扎扎实实。

图4-3 学生在参加无线电科技活动

一节课45分钟,组织教学多少时间,提问多少时间,讲和练多少时间,提问的质量和密度,板书的设计,作业的布置等,都有明确的规范可循。吕型伟还倡导集体备课、单元备课,让教师的个人智慧与学科组的集体智慧融为一体,让教学设计从课时安排走向整体视野。这大大提升了课堂教学效益。

还有就是课堂的启发式教学方式的推进,"密集提问法"在市东课堂得到普及与发展,课堂教学氛围浓郁,学生乐此不疲,往往能沉浸在知识的海洋之中。

市东中学的"课外搞特长",更是轰轰烈烈、卓有成效。被吕型伟称为"最活跃的教学因素"的"第二课堂"活动,成为学校特色和当时的一项重要探索成果,名扬沪上。

科技室的由来

吕型伟认为,课外活动是课堂教学的延伸,不应受教学大纲所限,可以放手大力发展,这是他的"先见之明"。市东中学作为"最活跃的教学因素"的倡导者,率先从体制上对此加以保证。为了使参与活动的学生学得生动、活泼、主动,学校指定专人成立了科技室,策划统筹、组织管理全校的科技活动,定时、定点开展活动,还配备相对固定的辅导教师,使活动深入、持久、有序地开展。当时的科技兴趣小组有航模、船模、无线电、电工、天文、气象、地震等;理科小组有数学、物理、生物、化学等;文科小组有文学、美术、音乐、历史、地理、卫生等。所有学科的教师全部兼任兴趣小组的辅导老师。国防体育一度掀起热潮,在区国防体育俱乐部的指导下,体育组还开展了跳伞、手旗通讯、无线电测向等活动项目。

科技室几经搬迁,从铁皮房到托儿所原址,再搬到老大楼底层。每到一处,就把琳琅满目的宣传板安置在门口,告知广大同学每周活动内容、时间安排和校内外竞赛信

图4-4 科技老师庄索原

息。课前课后和午休时间,科技室和兴趣活动室全部开放,为同学们拓展兴趣、发展个性、培养创造能力和动手实践能力创造了条件。部分兴趣小组设有自己的活动室,推举组长自行管理,定期清点工具、登记使用材料都由组员负责,既发扬了团结互助的集体主义精神,又培养了勤奋踏实的学习与工作作风。课外活动为学生日后进入大专院校打下了基础,也为社会输送了具有管理能力的实干人才。

铁皮房里的"铁马"

在学校操场一隅,有间半圆顶的铁皮房子,那里停放着两辆破旧的二手汽车,这是吕校长为了开展"第二课堂"而特地购买的。车尽管破,但修好了还能开。这汽车在当时是新鲜玩意儿,轰隆隆地到操场上开一圈,学生已兴奋得合不拢嘴。肯定不是光为了好玩哟,学生有了这独特的驾驶体验,老师再从气缸容量、冲程、排挡讲起汽车原理,学生便学得趣味盎然,学得扎实。吕型伟说:"我买车并不是想到马路上去出风头,而是想让学生懂得汽车的构造与驾驶技术,最终目的就是把学校教育与社会生活及生产劳动结合在一起,将书本知识与动手实践结合在一起,充分培养学生的实践才干和创新能力。"

图 4-5 20 世纪 50 年代学校供学生体验驾驶的汽车

培养学生实践才干和创新能力的另一个尝试,就是广泛开展模型活动。铁皮房里有几架模型飞机,那是乔东陆老师带领学生制作的。这些模型,总是牢牢地吸引着精力旺盛、求知欲强烈的孩子们。吕校长就大胆起用学生干部,让他们在乔老师的指导下学会独立开展活动。不久,乔老师被调去校办工厂,学生顺利接管。当孩子们"进驻"这没有窗子、又矮又暗的"临时建筑"后,兴奋又自豪,全然不理会夏天里来自涂有沥青的黑铁皮屋顶的逼人的热气,哪怕温度高达40摄氏度以上,也心甘情愿与"铁马"为邻,开始制作和放飞模型。

平凉村里的晒图车间

在学校附近的大连路上,有一幢石库门房子,原先是华东师范大学化学系学生在市东中学实习期间的宿舍,后来归学校所有,作教工宿舍用。在教育与生产劳动相结合的号召下,化学教研组先后开展钢铁炼制、用木屑烧制活性炭、试制晒图纸等科技活动。为了开展勤工俭学,学校把平凉村的房子腾出来辟为晒图车间,安排高中生轮流到车间勤工俭学,每周半天。

一无所有,一切都得白手起家。老师和同学一起,在两张乒乓桌上安上20只日光灯管,权作晒图机,晴天就把自制的木制晒图架搬到弄堂里,利用阳光晒图。利用氨氮原理晒图涉及有机化学和光化学的知识,于是同学们便如饥似渴地针对性学习,居然很快上手。晒图车间还按照工厂化建制,由学生干部担任"车间主任":从外出接任务到按时送货,保质保量地完成生产任务。这样既拓展了课本知识,又培养了学生的管理能力。

图纸是生产的依据,要随机器设备同时装箱,时限性特别强,清晰度要求极为严格,容不得半点马虎,而各班参加勤工俭学的学生每周仅来劳动半天,往往一批任务要由好几个班级合作完成,如何前呼后应、协调配合,也成了考验学生智慧的重要内容。从这个意义上讲,课外活动在培养学生社会实践能力等综合素质方面,功不可没,极大地弥补了单一课堂教学的不足。多年之后,很多校友回忆起这段经历,尤其是在参与企业经营、工商管理学习之后,无不感慨教育家吕型伟的超前意识和广阔视野。

文艺活动如火如荼

市东中学的大合唱、小合唱、表演唱、独唱、重唱、歌舞、朗诵、小话剧、活报剧,个个都能上得了台。学生往往自编自导自演,自己制作服装道具。校友们回忆起那个时候的生活,往往情不自禁地感叹道:"身在其中,其乐无穷。"

有一次女生举行民歌表演唱演出活动,需要有典型村姑的扮相:除了梳条大辫子,穿上有襟的中式上衣外,还应该有绣花的围兜。可是,时间那么紧,如何去制作呢?学生们既没有这样的能力,又没有财力请人定制,缺了它又体现不出乡土味。怎么办?大家冥思苦想。果然有学生灵机一动:"每家不是都有绣花枕套吗?"于是各式各样的绣花枕套一件件放在了课桌上。精心挑选后,女同学又动用了自己的一双巧手,略加缝制。一组花色统一又各具特色的杏花围兜穿在了身上,可爱的村姑形象活脱脱出现在了观众面前。演唱的民歌赢得了全场的阵阵掌声。这一切,激发了学生的创新精神,培养了学生解决实际问题的能力,也激励学生形成了热爱生活、勇于进取的气概。

图 4-6 舞蹈队表演民族舞

美术教育卓有成效

美术教育,曾经是市东中学响当当的牌子。不光有素描、速写、国画、油画、木刻、雕塑,还配合形势绘制宣传画。1955 年,中央美术学院杭州分院分别到上海、南京、苏州等地招生,报名学生总数达三千人次。市东应届初中毕业生张志明、严忠林、杜英信等 14 人报考初选,全部被录取;复试只收 25 人,市东被录取 5 人,占总数的五分之一,可谓成绩斐然,市东美术一时名声大噪。

图 4-7　雕塑组活动

有一年，宋庆龄主持的中国人民保卫儿童全国委员会在首都举办全国少年绘画比赛。市东选送了陈显耀同学的两幅木刻，一幅是胡志明像，一幅是孔雀开屏，均获得了一等奖的殊荣。

……

吕校长提出的"第二课堂""第二渠道"的实践构想，"文理并重，理实交融""内外结合，教学相长"教育理念，以及"课内抓基础，课外搞特长"的群众性实践活动，不仅给市东，也给了上海教育一股清流、一个标杆、一次伟大的教育实验。

第四节　"403 电动机"诞生记

天才免不了有障碍，因为障碍会创造天才。

——罗曼·罗兰

自 19 世纪电磁理论建立和发展以来，法拉第、特斯拉等一大批科学家在电、电磁、电能、电动机等领域前赴后继，创造了一个又一个奇迹，推动了第二次工业革命的进程，也客观上奠定了西方列国的强盛基础。

也正因如此,电磁知识成为当时学校科学教育的重要内容,也深深地激发了孩子们的探求欲望,他们非常好奇的是,世界上果然有一种看不见摸不着但力量强劲的东西存在着?

吕型伟的思想总是敏锐而前沿。他很早就形成了"教育、科技、劳动三结合"的教育思想,并且将科技活动置于所有兴趣活动的核心地位,形成了独具市东中学特色的科技教学实践经验。也正因如此,在1960年首次全国文教群英会上,市东中学被评为先进集体,优秀青年教师刘葆宏还代表学校作了经验介绍。获此殊荣,是极其不容易的,这也成了市东中学历史上的光辉一页。

而这一殊荣背后的一个个故事,更让人感同身受,令人备受鼓舞,催人奋进。

事情要从1954年说起。为了学习苏联教育经验,全面开展综合技术教育,学校委派年轻的物理教师陈伟彬作为中国教育代表团成员,赴苏联考察,重点学习综合技术教育的理论与实践经验。陈老师刻苦学习,虚心求教,一回国,就风风火火地干了起来:先是结合市东实际,把市东独有的校办工厂与新开设的综合技术教育课结合起来,这就等于将劳动产品与科学技术的学习直接挂钩,并且试图让学生的科技劳动在活动中直接出产品,以"活生生、可触可摸"的产品本身,带动学生的科技学习。这些举措针对性强,效果出奇得好。

图4-8 校办工厂师傅给学生讲电动机原理

毋庸置疑的是，老师与学生的学习和劳动热情、科技发明与产品制造兴趣，被激发了。他们到处寻找资源，寻找发明的目标。当物理老师指出电动机是工业革命的明珠，需要非常完备而高深的物理、化学知识的时候，同学们便被鼓动得跃跃欲试，决心不惧困难，试着捣鼓当时最先进的电动机技术。

毕竟是学校，理化知识可以通过钻研书本学到，但生产技术远远不够，师资也是相当缺乏。学校特别需要一位既懂教育，又具有熟练的车、钳、刨等技术的专职教师。经过多方打听，区里果然有一位小学一级教师符合条件，但当时他戴着地主的"帽子"，不宜担任教师，谁用谁担风险。

吕校长的求才若渴是出了名的，他仔细了解情况之后，当机立断，大胆起用。

事情总是相互的，校长的知人善任、充分信任，不久便转化成了这位教师强大的工作动能。他很快在电动机试制及其他生产任务中发挥了关键性作用，不仅自己刻苦钻研，还虚心请教，指导学生们自己浇筑机壳，自己绕线圈，自己装配，自己测试。这个过程中，学生们也学会了翻砂、车钳刨绕线圈、烘漆等全套工艺。终于，一台合乎规格的千瓦功率的电动机诞生了。

图4-9 边研究、边学习、边实践

特别可贵的是，这个电动机采用了新型的磁钢材料和电磁线圈，具有功率大、效率高、噪声小、寿命长等优点，而且价格比进口电动机低得多。

这是个里程碑式的创造,跟当时育才中学的火箭项目一起,成了中学生发明创造与劳动的典型事件。据老师回忆,当时全校上下都激动万分,电动机研制小组甚至向全校师生征集这个千瓦功率电动机的名称。经上下酝酿,有人提议:既然这个电动机是在1958年8月9日下午四点零三分研制成功的,那么为了纪念这一刻,就命名为"403电动机"吧。

图4-10 学校师生生产成批的"403电动机",每月生产100—150台

好事还远远不止这些。"403电动机"一经面世,就引起了广泛的关注和赞誉。许多兄弟学校慕名而来,许多领导也来参观市东校办工厂。同时,因为有校办工厂做背景,"403电动机"很快投入批量生产,建立起了一个以制造电动机为主要任务的校办工厂车间,这个车间而后迅速成为专门生产电动机的独立工厂。就这样,一台台精致实用的产品从市东中学的校办工厂源源不断地运送到全国各地的工厂、农村,投入到了社会主义建设热潮之中。同时,作为上海市教育、科技和劳动相结合以及"勤工俭学,手脑并用"的典型事例,"403电动机"还被送到北京去展览,名噪一时。

"403电动机"的研制成功,也进一步促进了市东中学"教育、科技、劳动三结合"课程的优化与提升。各个年级课程设置重新进行统一设计:初一学木工,初二学钣金工,初三学电工,高一学车钳工,高二学汽车修理和驾驶,高三学电工。学生每周上课两课时,第一年先在初一、高一开课,第二年再扩展到初二、高二,第三年原定扩展到初三和高三。也因为这场"教育大革命",校办工厂与综合基

图 4-11 同学们在绕线圈

础教育课的结合加深,学生直接参加工厂劳动的机会增多,也就没有"增添负担"。而从效果看,这些新举措,对培养学生动手动脑能力和把教育教学工作与生产技术相结合,起到了很大的作用。曾任上海市广播电视局局长的龚学平对当初所受的综合基础教育印象深刻,认为这是市东的一项鲜明特色。

……

从某种程度上说,"403电动机"的诞生,是吕型伟"教育、科技、劳动三结合"思想的胜利。且这种务实的教育思想,还深深地影响到了之后他在全市、全国层面上的政策制定、工作开展,也为他日后提出"改革第一渠道,拓宽第二渠道"思想奠定了坚实的基础。

第五节 地下室里种蘑菇

> 生活得最有意义的人,并不就是年岁活得最长的人,而是对生活有感受的人。
>
> ——卢梭

课外活动的热潮一旦掀起,就"停不下来了"。各学科教师根据自己扎实的学科知识,"八仙过海,各显神通"。他们利用一切可能的条件,因地制宜、因陋就简开展活动,甚至突破场地、器材、设备等的限制。

市东生物教研组在组长庞茗老师的带领下,组织教师分工合作,由课内走向更加趣味横生的课外。种植、饲养、标本制作、调查、考察等兴趣活动方兴未艾。他们先后开展了小球藻培养、无土栽培、食用菌生产等专题性研究实践。老师呢,也是作为平等的一员共同参与这种学生科技活动,这让探究的气氛更加浓厚,在不知不觉中,实现了教学相长。

学校一号楼有个地下室,那里原来是个锅炉房,早已废弃闲置。蘑菇的生长发育无需阳光进行光合作用,这个地方就成了生物兴趣小组同学眼里的极乐天堂。他们先是向学校陈述他们的"整体利用"计划,获得批准后,在学校科技室的配合下,和老师一起,按照蘑菇培植要求,行动起来了。

第一步,设计规划了蘑菇房的布局。布局蘑菇房除了需要考虑蘑菇生长的环境要求外,还要考虑选用环保、防火、防潮、耐用的材料以及蘑菇种植需要使用的一些设备,如温湿度控制设备、通风设备、照明设备、水肥设备等,而且这些设备要根据实际需要合理布局,以满足施工、维护、采集、运输的需要。

第二步,用马粪、稻草制作营养土,培养菌种。土壤和营养,是蘑菇生长最基本的物质条件,蘑菇种植一般使用的是蘑菇菌丝体培养基,需要保证培养基的质量和营养成分。这给同学们很大的求知空间,他们钻研"土壤学",请教专业技术人员,访问有经验的老农,终于掌握了营养土制作、鉴别技术。

第三步,调节温度、湿度和光照,以适合蘑菇生长。蘑菇生长的适宜温度为15℃—25℃,在这个温度范围内,蘑菇的生长速度和品质才能得到保证。蘑菇生长需要较高的湿度,一般在70%—80%左右,过高或过低的湿度都会影响蘑菇的生长和品质。蘑菇是一种对光照不敏感的植物,因此不需要太强的光照,但也不能完全没有光照,灯光是一种很好的替代光源。还要注意其他两个方面,一个是通风,蘑菇生长需要较好的通风条件,通风不良会导致蘑菇生长不良、病虫害发生;另一个是空气质量,蘑菇生长需要较好的空气质量,空气中不能有有害气体和异味等污染物。同学们利用两个大鼓风机,很快解决了如上两大问题。当同学和老师们眼看又白又嫩的蘑菇像小伞般破土而出的时候,个个惊喜不已,个中的乐趣和成就感无法用言语形容。

个别喜欢钻研的同学居然发现更有趣的现象:有些蘑菇会发光。这些蘑菇会在夜晚发光,而在白天即使处于暗处也不会发光。更奇怪的是这些蘑菇的发光具有周期性,有段时间有,有段时间没有。孩子们的好奇心被"吊"了起来,于是询问老师(老师也不知道)、查阅书本、通过各种关系各种可能向专家请教……学生的钻研精神终于有了回报,他们终于弄清楚了,原来某些蘑菇体内含有会发光的物质(萤火虫也是),因此在暗处或黑夜中就发出淡蓝色、淡绿色或白色等不同颜色的光。同学们也了解到发光蘑菇种类较多,分属于不同的科和属,其发光部位也不相同。大部分棚菇的发光部位是菌盖,有的发光部位在菌柄,还有的发光部位在菌丝体上……本来只是打算通过种植、培养蘑菇,让同学们理解和掌握一些生物相关知识,理解和遵循不同生物的生长规律,结果一发不可收,学生们的科学探究热情得以激发,他们幼小的心灵里,播种了难能可贵的科学精神的种子。

还有个意外的收获是,收获的蘑菇居然多得惊人。有人就提议索性扩大种植面积和种植时限,让蘑菇成为学校食堂的食材。当时整个国家正处于社会经济初始积累时期,发展缓慢,物资匮乏,工农子弟集中的市东,更是处在了上海"下只角",相对贫困。因此,这一提议迅速得到学校领导的支持,市东教学楼地下室恒温、很少受到季节变化影响的特点,为较大规模蘑菇生产提供了不可多得的条件。

一旦确认种植的蘑菇要向学校食堂供应,同学和教师们的热情更为高涨。为了保证蘑菇的质量和产量,教师们还特意请来了更专业的蘑菇种植技术人员,进行进一步的指导和培训,经过不断的努力和实践,同学们逐渐全面掌握了种植蘑菇的技术,蘑菇的品质和产量也得到了极大的提高。很快,种植蘑菇在市东中学逐渐营造了一种特殊的文化氛围,它不仅解决了学校师生的食品问题,还成了学校的一项特色课程活动,成为"教学、科技、劳动"三结合课程的"明星"项目。

……

不少当年的校友,在回忆中学时代那个激情岁月的时候,都把此类课外活动作为重要话题,津津乐道。他们种植花卉,装扮学校和教室;他们饲养兔子,想尽办法弄到鲜嫩的青草;他们不忘在农村劳动后,带回蒲公英的种子,在飘散中回味美好的经历……总之,市东丰富多彩的课外生活,带给了少男少女们无限的乐趣,也因此,他们更热爱学校、热爱学习、热爱生活!

第五章

"教育探索,从市东起步"

　　教育是科学,其意义在于求真。吕老说话很直,他最希望的是能解决真问题。"敢讲真话、实话,用大白话讲明白许多深奥的道理"是吕老身边人对他的一致印象。吕老所写文章篇幅一般不大,但都是"干货",个人见解十分独到而精辟,与时下抄来抄去的所谓研究泾渭分明。

第一节　人云亦云不云，老生常谈不谈

他观察着世态的变化，但讲述的却是人间的真理。

——马克·吐温

"教育是科学，其价值在于求真；教育是艺术，其生命在于创新。"在对教育规律的探索方面，吕型伟坚持说真话，说经过实践检验、调查核实的话，说对未来有意义的话。

1952年，他担任市东校长的第三年，中苏关系进入"蜜月期"，斯大林时代的苏联彻底否定了杜威的思想，建立了高度集权、计划统一的教育体制。中国按照苏联模式大规模地改造和重建教育，凯洛夫取代了杜威，俄语取代了英语。教师怎么上课，一节课45分钟，组织教学多少时间，提问多少时间，讲和练多少时间，提问的质量与密度，板书的设计，都有精密的计算。这对当初毫无章法的教学起了一定的规范作用。对此，吕型伟是赞同的，也是忠实执行的。

同时，由于深受西方教育思想的长期浸润，他对以杜威为代表的现代派认可度也很高。能不能摒弃"非白即黑"，各取精粹，创新发展呢？

凯洛夫的教育学非常强调整齐划一，按照他的模式，一堂课被提问到的学生只有五六个。市东中学却创造了"密集提问法"，一堂课一下子可以提问一二十个学生。学生有的是口头回答，有的是板书作答，有的是站起来回答，有的是书面回答。每个人的注意力都处于一种高度集中的状态，因为随时随地都可能被提问到，也可以发问。在全国"罢黜欧美，独尊苏联"的形势下，"密集提问法"如一股清流，成了第三条道路，教学效果也远超预期。

不过，吕型伟还是低估了凯洛夫刻板的课堂教学的弊端。学生学习往往被困在高压之下，学习的主动性、积极性受到严重影响。怎么办？生动活泼的课外活动让他看到了希望，让学生在活动中增长知识、培养兴趣、激发热情。在"课内抓基础，课外搞特长"的思想指导下，市东中学借助"综合技术教育"的"上面要求"，顺势发展了劳动教育，实行"教育、科技、劳动三结合"课程安排，还创办了上海第一家校办工厂，添置了几部被工厂淘汰下来的机器，还请了几位技

师,教学生学钳工、车工、电工、开模……不亦乐乎,这也反过来对学生理解机械原理、电的知识,起到了促进作用。

市东当初的校友,在几十年之后回忆学生时代的时候,都不约而同地说起了同一件事:学校购置了两辆破汽车,整修、上漆后,停在了校园内。那个年代,汽车绝对是新鲜玩意儿。当汽车被轰隆隆地驾驶到操场上时,同学们的热情被引爆。汽车成了孩子们的新宠,他们驾驶它、拆卸它、研究它、组装它……成为体现学校教育与社会生活及生产劳动结合在一起、将书本知识与动手实践结合在一起的鲜活事件。

轰轰烈烈的课外活动,极大地弥补了凯洛夫教育学的缺陷,学生的个性得到了极大的发展,成了市东中学"最活跃的教学因素"。这也为他日后提出"'第二课堂'与'第一课堂'并重",以及发表影响颇大的文章《改革第一渠道,发展第二渠道,建立两个渠道并重的教学体系》奠定了实践基础。

杜威的教育思想、陶行知的教育理论在那时都受到了批判,吕型伟敢于"坚持己见",难能可贵,他说:"搞改革是要冒风险的,我只有一个目的,那就是什么东西对学生有利,怎么可以更好地培养学生,我就怎么干。一切都是为了探索一种真正有利于学生成才的教育。"吕型伟务实的教育思想和工作作风,在此可见一斑!

随着吕型伟的工作变动,这种独立思考、坚持真理的工作作风,也被带到了市教育局。

那年他任上海市教育局教研室主任。这是主管全市基础教育课程、教学、研究工作的"大脑部门"。《人民教育》杂志的一篇文章《反对把语文课教成政治课》掀起了轩然大波,引发了广泛的争议,形成了两大阵营:"文道统一,以文为主"与"文道统一,以道为主"。

用现在的眼光看,这不就是一个常识吗?语文课当然是教语文,教会学生熟练并正确地阅读祖国的语言文字,天经地义,无可辩驳,当然也是责无旁贷。可在当时却成了问题,成了原则问题、政治问题。于是,把语文课教成政治课成为普遍现象:字、词、句、篇都不讲了,只讲立场观点;课外阅读,别的文章不选了,只选毛主席著作、鲁迅作品与《人民日报》社论。在当时的政治气候下,后一种做法是多么理直气壮,"蔚然成风",这似乎成了自然而然的事。

因此,当《反对把语文课教成政治课》一发表,"一石激起千层浪",引发"文"

与"道"的大讨论,就不奇怪了。

两大阵营壁垒分明。讨论是全国性的,北京与上海是旋涡的中心。吕型伟作为上海市教育局的教研负责人,在大学里学的又是中文,是脱不了干系的,必须有个态度。这个态度就是:文道统一,以文为主。语文就是语文,不能教成政治!

与当时的"口水仗"不同的是,吕型伟找到了时任格致中学语文教师的高润华。这个当时才二十多岁的青年教师,充分理解吕老的意图,并以其清新干练的上课风格,向全市语文教师进行系列开课,阐释了"文道统一,以文为主"的鲜明观点。

形象的东西,总容易打动人。语文教师,尤其是那些当初主张要突出政治即主张以"道"为主的教师,都为高润华老师的那种教学风格、教学方式、教学观念所感染、所折服。听过了她的课,渐渐地,大家终于达成了比较一致的意见:语文课就是语文课,虽然它有其特殊性,但本质上与别的学科如数学课、物理课、历史课一样,具有学科边界。语文课既不要成为政治课,甚至也不要成为文学、文化课,应返璞归真,还语文学科本来面目。

"文""道"之争,从此偃旗息鼓。吕型伟的独立判断能力和解决问题能力,再一次得到了锻炼!

吕型伟还将"人云亦云不云,老生常谈不谈"的思想延伸到了对教学观、质量观、人才观的审视上。

他在一次接受时任上海市教委教研室主任、作家王厥轩的专题采访时说:

"我们的教育是有问题,但许多方面不全是教育的问题。它(出不了拔尖人才)同中国的文化、民族性相关联。中国对孩子的教育,非常强调两个字:听话。在家里,听家长的话;到学校里,听老师的话;到单位里,听领导的话。听话是不可能有个性的,听话产生不了创新。

"诺贝尔奖是不听话的人才能得到的。你看看我们的课程改革,一是基础要求过高;二是搞平均主义、划一主义;三是求全责备,求同去异,扼长补短。因此我主张'基础分流,弹性管理,多元发展',主张'允许落后,鼓励冒尖',只有这样,各类各层次人才才会脱颖而出。"

讲到这里,吕老提高了声音,加了一句:"特别要爱护奇才、怪才、偏才,甚至狂才。"

真情、真切成就真理。吕型伟成为备受大家尊崇的教育家,跟他刚直不阿、推崇实践、独立思考的品质密切相连,跟他对教育、对孩子未来的"大爱"真情相系。

第二节　教育研究贵在创新

人是靠思想站立起来的。

——黑格尔

研究,贯穿了吕型伟一生。

自小时候起琢磨蚂蚁,觉得这个小精灵简直是神了

别看蚂蚁很弱小,团结起来力量大。搬运重量几倍于自身的大块头食物就不用说了。它们还会合作造房子——有些蚂蚁不依靠天然洞穴筑巢,而是将叶子织在一起,搭建自然界中最为复杂的蚁巢结构,比如每个单独的"叶荚"建造都需要蚂蚁们精密合作:工蚁们用自己有力的下颌将两片叶子拉到一起,若叶间距离过大而一只工蚁无法完成,第二只工蚁便会爬过来协助它。如果还是无法完成,其他工蚁会陆续加入这一队列之中,直至叶子的边缘达到领队工蚁下颌的触及范围。一旦连接成功,其他工蚁便纷纷跨越这一助拉"桥梁",重复黏合工作直至产生丝网将叶子边缘紧紧连接在一起。一旦叶片距离足够近,其他工蚁就用它们的下颌将叶子间的缝隙"钉住"(就像订书机将一叠纸钉在一起一样)。这样,不怕下雨、不怕烈日又能"高枕无忧"的房子就建好了,这能力,毫不逊色于原始状态的人类。

蚂蚁储存食物也有一套。有一种蚂蚁会把采来的树叶嚼烂来培养一种真菌,作为过冬食品。一种蚂蚁还会把一些能分泌蜜汁的昆虫,如瓢虫等养在洞穴中并吸食它们分泌的汁液,好像人类养育奶牛取食牛奶一样,这简直成了蚂蚁的乳品工厂。

蚂蚁还是保家卫国的英勇战士,打起群架来犹如古代规模宏大的战争,蔚为壮观,它们个个英武非常,绝对是最英勇、最聪明的战士。它们像人类一样,摆着阵列,或呈"人"字形,或呈迂回状,浩浩荡荡,把那种严密的社会化组织体系演绎得出神入化……

这些稀奇古怪的蚂蚁知识,是吕型伟通过长期观察、广泛涉猎相关知识而得来的,他研究蚂蚁的兴趣,维持到了老年。他的研究精神,也是从孩提时代养成并贯穿一生的。

后来当老师、做校长,他便研究课,研究学生,研究老师

市东中学的校训是"堂堂正正做人,实实在在做事"。对于如何教"做人"的问题,吕型伟研究了一生。

他把人分成四种:有德无才、有德有才、无德有才、无德无才。他说:"有德有才自然最好,德才兼备是我们的培养目标;有德无才,我们可以慢慢培养,只要秉承着'人无全才'的观念,就一定能学有所成;最糟糕的是'有才无德',如果说无才无德是废品,那么有才无德就是危险品,是万万要避免的。"

因此,在探索如何提升学校德育水平方面,他毫不懈怠,竭尽全力。

1958年,国家建设进入了平稳期,教育改革就提到了党中央的议事日程。"教育大革命"随即展开。回顾解放后教育工作的成就,汲取当时先进的教育理念,总结广大教育工作者的创造智慧,党中央组织开展了"条例"的起草(包括"高教六十条""中学五十条""小学四十条""幼儿园三十条"),吕老是当时"中学五十条""小学四十条""幼儿园三十条"的主要起草者。这代表了那个年代对教育规律的认识与探索,为20世纪60年代初至"文化大革命"之前的中国各级各类学校教育秩序的优化、教育质量的提高,打下了坚实的基础,更为教育的立德树人水平,开辟了更广阔的提升空间。

经过了"文化大革命",吕型伟对德育的思考更深入,视野也更开阔。

1991年,吕老作为中国国际交流协会副会长,主持召开了东方国家关于传统道德的国际研讨会。会议在北京香山举行。会上,他提出了弘扬中华传统美德的口号。随后几年,他主编了"中华美德五千年""世界美德五千年"等丛书,"里面都是生动的故事,又蕴含哲理",成了未成年人道德教育的好教材。

在这之后,他继续探索不停步,关注到了人文精神与德育的关系。

如果说"晓之以理,动之以情,示之以范,导之以行,持之以恒"是德育的方法层面,那么,要让德育保持温度,就是要认识到环境对人成长的重要性,人文精神，就是最大的育人环境。而这，仅靠学校是远远不够的，还需要家庭教育、社区教育的协同。尴尬的是，在营造人文环境、培育人文精神方面，学校老师也是有心无力。于是吕老就借用了农业方面的薄膜技术与薄膜理论——"如果一时无力改变社会大环境的时候，可以从一个人、一个家庭、一个学校、一个社区入手，先营造一个优良的小环境，建造一个教育的'暖棚'，使'小气候起大作用'。"

图 5-1　吕型伟陪同邓颖超同志视察教育工作

再后来，他研究课程，研究学校，研究中国教育的未来

　　这个时代瞬息万变，吕型伟也深切感受到了。从信息革命，到"知识爆炸"，再到人工智能、克隆技术、脑科学……日新月异，如江河奔腾。所以，他一直在思忖未来的教育究竟是什么模样。

　　比如学制，从小学到高中，每个人都得读 12 年。这种制度可能便于管理，但对人的发展是不利的。谁都知道，世界上没有两片完全相同的叶子，手指头也有长短，就是双胞胎，也不是完全一样。每个人都有他的优势和弱势，我们不可能要求一个人样样都好。一个人的生命有限，而学海无涯。按照 8 小时工作、8 小时睡觉、8 小时休息的算法：20 岁以前的时间里，6 年睡觉、6 年休息，真正学习只有 6 年；20—60 岁的 40 年中，13 年睡觉、13 年休息、13 年工作，工作中还会聊天、看报纸、喝茶，实际工作也只有 10 年。所以，不要觉得人的一生很长，一个人真正的学习、工作时间并不多，怎么可能要求他各方面都好？所以无论是从社会需要的角度，还是从人的发展角度看，一个人只要在某一个领域好，一生就不算白过了。

所以,假如我们有一种学制,能够充分考虑学生的特性特长、发展快慢,让学生能发展多快就多快,不是很好吗?为了验证这个观点,一所跨越小学、初中、高中的十年一贯制上海实验学校,便在吕型伟的积极推动下横空出世。

这是一所非常特别的学校。首先是新学校在充满着疑虑、观望甚至质问的情况下诞生,一开始几乎没人报名。"那时候,没有人敢把孩子送过来,家长说,人怎么能给你实验?失败了,怎么办?"吕型伟却充满信心,他带头把自己的孙女送了进去。然后才陆陆续续招到了20名学生。

为了配合实验,善待这些"第一个吃螃蟹者",学校配备了很强的师资力量,教师个个都能从小学教到高中。教材是老师根据开发学生潜能、适应学生个性与学科要求编的。这些学生的智力发展状况也是好、中、差都有,因为实验要的就是常态学生,如果招的都是超常儿童或天才,那么这个实验就没有普遍意义了。

结果如何呢?是否达成了"让学生自由、充分发展"的目标呢?吕型伟的想法得到了充分验证:到第七年的时候,有三个孩子13岁时就高中毕业了,他们用7年完成了原本要用12年学习的课程。当年参加高考,这三人都考上了上海交通大学。考取大学不是实验终点,课题组继续进行跟踪调查,发现他们的智力发展同普通大学生完全一样,而且在班上成绩也不错,唯一的缺点就是人不够成熟。譬如说,别的大学生下课了就去踢足球、打篮球,他们三个则在地上打玻璃弹子;同班的大学生都没有把他们当成同学,喜欢逗他们玩儿,摸摸他们的头,说:"小朋友,你们来干什么?"

从上海交通大学毕业后,这三个孩子都到美国留学。剩下的17个孩子,到第八年时,有16个考上了大学,最后一个到第九年也考上了大学。20个学生100%考上了大学。跟踪调查还显示,他们都发展得很好。为了让实验更具现实意义,学校将课程设置进一步优化:光考虑学生的智力发展不够,人还要融入社会,否则难以生存,所以加强了人的社会化发展方面的课程。事实上的确也遇见了不少问题,譬如那些孩子智力虽然没有问题,但是成熟度不够,如果都是十三四岁毕业,那只能考大学,因为他们年龄还太小,不能到社会上去工作。所以,新一轮招生时,突出了学制的弹性,即基本十年,学生6岁进学校,16岁毕业,但同时也允许十一年、十二年毕业或八年、九年毕业。

吕型伟对这个教育实验项目是倾注了热情的。他把几个孙辈都送到这所学校。他们是这个教育实验勇敢的"第一个吃螃蟹者",也是受益者:一个 19 岁自上海交通大学毕业,21 岁已成为高级软件工程师;一个 17 岁考进理工大学;小孙女 16 岁以高分考进上海外国语大学。

上海实验学校的探索,在国际教育界也产生过很大影响。日本教育家佐藤先生认为中国的这个实验是一种创举,他几乎每年都要来视察一两次,还写了不少论文在国外权威杂志上发表。非常值得一提的是:我们无从判断二十年之后被誉为"钢铁侠"的科技狂人马斯克创办的新型现代学校(名为 Ad Astra,意为"至星辰"。成立于 2014 年)与之有没有关系,但至少它们的办学思想高度一致,具体做法如出一辙。

……

吕型伟作为新中国首批校长、中央教科所的首批研究员,一生都在研究教育。他总是以最朴素的语言,表达最真的道理,走在最前沿的阵地。他说:"教育研究,终归是要为教育闯出新路子,为未来找到新方向。"为此,他努力了一生。

第三节　大兴调查研究之风

> 调查就像"十月怀胎",解决问题就像"一朝分娩"。
>
> ——毛泽东

无论是在市东做校长,还是后来去市教育局任职,吕型伟总是"坐不住"。

做校长时,他爱到学生堆里转转,跟孩子们攀谈攀谈,了解孩子们近期关心的热点、孩子们的喜怒哀乐;他也爱到教师办公室里坐坐,爱到教师的课堂上驻足……到市局做领导后,他爱到基层学校去,往往是乘公交车只身前往,"微服私访"。他看到好的,会当面表扬,并在多种场合赞扬;看到不太好的,会询问原因,并回去研究研究,想对策。

他的这种似乎来自秉性的做法,在市东,带出了好校风、好教风、好学风,到了市局领导岗位,也促进了干部们形成实事求是、脚踏实地、调查研究的工作作风。

为"一周一会"备课

市东人都知道,市东中学别具一格的"一周一会"是最受学生欢迎的,而吕型伟往往是这个周会上明星般的存在。有一次他想做一个关于"三百六十行,行行出状元"的报告,进行关于做普通劳动者的教育。

他的"备课",居然是先调查。

围绕"学习目的",有的同学说"当然是升官发财的啦",有的则说"光宗耀祖,做个有出息的'人上人'",还有的说"自己祖祖辈辈都是农民,只是想把家里祖辈留下来的田地经营好,会算账,就已经相当不错的了"……

那个时候,学校刚刚从旧社会脱胎而来,各种思潮也是层出不穷,加上"十里洋场"大上海商业气息浓厚,学生们有这样那样的想法,也特别正常。

讨论"你怎么理解崇高理想同平凡劳动的关系"这个问题时,学生们更是七嘴八舌。有同学问:"学习的目的是做普通劳动者,是否就不要有理想了?这样是不是没有出息了?"

围绕"如何处理好个人利益与集体利益的关系"这一主题,吕型伟问:"如果个人利益与集体利益发生矛盾了怎么办?是为了集体,放弃自己的利益,还是'宁我负天下人'?"

抛出一个个问题,在平等自由的讨论之后,吕型伟开始讲出其一贯的绍兴话:"同学们,坐好啰,下面听我来讲……"

他说:"年青人一定要有理想,而理想是通过诚实的劳动实现的。"他说"天生我材必有用,为社会服务才有用。"他还铿锵有力地说:"尊重劳动、尊重劳动人民,应该是每一个'市东人'的基本素养。"……

一场报告会时间是有限的。报告会之后,他还指示团委组织了一次全校化妆舞会,让每位同学不要扮作帝王将相或神仙妖魔,而是根据自己的理想进行设计,如船员和船长、各行各业的工程师、教师、科学家、医生、记者和海陆空军军官等。团委组织学习周边涌现出来的王崇伦、马泰等劳动模范,还配套放映《乡村女教师》《女拖拉机手》《幸福的生活》等苏联电影。

以调查为基础的报告会,因为触摸到了学生的脉搏,理解了学生的真实思想和情感,所以更具针对性,更能入耳、入脑、入心;随后一系列教育措施的跟进,也进一步促成学生旧思想的转变和新思想的确立。教育也就收到了实效!

为"光头校长"正名

当时闸北区有一所学校连续三年没有一名学生考上大学,人家管校长叫"光头校长"。他去附近的理发店理发,理发师也会说"剃光吧!"

那个时候,升学率几乎等同于教学质量,哪个领导不看重?哪个校长敢怠慢?因此,吕型伟感觉很奇怪,三年一个也考不上,那的确很少见。

开学第一天,吕型伟决定"微服私访",实地了解一番。一进校门,出乎意料,得到校门口值勤同学热情主动的问候。看看校园环境也还整洁,来来往往的老师精神状态都不错。他很纳闷,有这样精神面貌的学校,怎么没有人考上大学?三年"剃光头",难道学校现在已经麻木到一点感觉都没有了?

于是,就向校长请教。这是个四十岁左右的中年人,瘦削、沉稳、文质彬彬。他说:"这个地方环境很差,属于'流(氓)阿(飞)盗(窃犯)'事件多发地区。一些家长本身素质很低,对孩子也没有什么要求,只求有个工作去做就好。孩子从小耳濡目染,习惯不好,成绩更不好。对于这样一群学生,我的目标就是将他们培养成正派的人,有一技之长,对社会有益,不要成为社会的渣滓。

"因为办学思路有针对性,学生的那些吊儿郎当的行为被纠正了。对于那些有希望进大学的学生,我就与邻近的几所重点学校商量,把他们中途转到那里去,同时把重点学校认为没有升学可能的学生换到我们学校来,所以我这所学校的升学率永远是零。我们学校的学生毕业后都上了各类职业学校,都是遵纪守法的好公民,深受社会和家长的欢迎。"

这件事对吕型伟的触动很大,他本是带着点"兴师问罪"的想法去的,结果却被感动到了。沉默了半天之后,吕型伟郑重其事地说:"你真了不起,教育界能出你这样的人,是教育界的骄傲,我实在不能与你比。我本来是要批评你的,现在看来,我的境界比你差远了。你好好总结一下,我要召开全市校长会议,请你来讲。你这三年'剃光头'是光荣的,你不仅教育了这些学生,还改造了整个社区。这批学生长大成家长了,这个社区的氛围会好很多。"

从此,"人才人才,先成人,后成才;不成人,宁无才"的观点,成了吕型伟教育思想的核心内容之一。深入基层一线,真切了解原委,也成了吕型伟之后几十年不变的工作作风。

图 5-2　吕型伟参加中央教科所学术活动

为"春节谈话"辩护

很多时候,吕型伟给人以温文尔雅、儒雅得体、春风拂面的知识分子形象以及"绍兴师爷"风格的印象。但在很多关键的原则问题上,吕型伟的胆识和魄力,会表现得淋漓尽致。

1964年春节,毛泽东同志在人民大会堂召开座谈会,对当时的教育现状进行了批评,认为学生负担过重,课多、书多,考试以学生为敌人,搞突然袭击,是摧残学生,还说了"我很不赞成",措辞严厉,实际上是不指名地批判了经中央政治局讨论通过后颁布的全日制中学、小学暂行工作条例。这就是著名的"春节谈话"。

吕型伟觉得这是非常符合毛泽东个性的。毛泽东自己就是自学成才的。他反对学校这么多的规章制度、繁琐的教材和课程,特别是反对考试制度,是很自然的事。而且,从本质上来说,吕型伟也赞同这样的教育思想,在他看来,这是杜威教育思想的精髓和本质体现。

当教育思想与其他因素掺杂在一起的时候,更容易使人辨不清方向。

没有调查,就没有发言权。吕型伟一方面感觉这是一个紧迫的实践问题,另一方面也认识到这是重大的理论问题。他觉得在北京搞纯理论、书斋式的研究,"既非我所愿,也非我所能"。于是,"春节谈话"后,吕型伟就自告奋勇,带一个专家小组,代表教育部到基层去,一边调查,一边实践"春节谈话"精神。1965年上半年,三人小组就到江苏省南京师范大学附属中学去蹲点调查,因为早就听说这里正在进行一场轰轰烈烈且很有争议的教育教学改革。

听课,座谈,搞调查。吃住在学校,与学生同甘共苦,一直忙到夏天。就这样,调查小组硬是掌握了第一手真实的材料,看到了学校出现的十分生动活泼的场面。那个时候,他也常常为活跃的课堂气氛所感染:"南师大的老师非常善于鼓励学生提问,有的问题,老师一下子答不上来,就会说:'有人能回答吗?能回答的上讲台来讲;如果没人回答,我下课以后去查资料,再来告诉你们。'老师也经常鼓励学生:'能提出老师答不出的问题,说明你的思想有深度。你们回去收集资料,我也回去查查,下堂课,我们再来一起解决这个问题。'这种民主的学风使学生有非常强的参与感。孩子们常常盼望着下一堂课,盼望着自己能提出老师也不知道的问题。当然,也真有学生直接上去回答问题并接着老师上课的,于是老师就在一边站着,一点不觉得脸红,反而很欣赏地看着学生。听课半年,发现老师被晾在一边的次数不少,同学们也不觉得有什么问题,因为大家都已达成共识——老师也不是什么都懂。"在南师大附中,吕型伟一行真正感受到了一种开明、乐于探索和创新的氛围,这是一种让学生充分展示个性、以学生为主体的教育。

到了暑假,省教育厅副厅长朱闻决定开一次全省中学校长会议,介绍南师大附中的教学改革。

会议一开始进行得很顺利。没想到风云突变,在会议接近尾声的时候,省教育厅厅长和省委宣传部部长出现在会场,他俩一开口就全面否定南师大附中的改革经验,把这个会议的基调一下子翻了个底朝天,会场一片混乱。

整个局面比较难堪。吕型伟一行虽然是代表教育部来"蹲点"的,但也不便表态,毕竟他们的职责是"调查研究",但群众是知道吕型伟的态度的,这个态度,源于生动活泼的群众实践,源于他亲眼所见的学生变化。于是,吕老缓缓地站起来,不紧不慢地说:"尽管我没有资格表态,但根据我们所闻所见,这里的实验,是符合毛泽东'春节谈话'精神的。"这使反对者们的脸色很难看。

事后,为了公开支持南师大附中的改革,吕型伟让数学、物理、语文三个学科的教研组组长各写了一篇介绍南师大附中改革的文章,加上学校写的一篇,共四篇,在回北京后,要求《人民教育》杂志发表。《人民教育》杂志从来没有一下子上四篇同一所学校的文章的先例,这等于出了一期专刊,也等于进一步表达了倾向于毛泽东同志"春节谈话"精神,赞成"以学生为主"的教育思想。

……

所有这些,是调查本身让吕型伟有了不屈从领导意志的底气。从此以后,吕型伟在上海教育乃至中国教育发展的几个关键点上,都表现出他非凡的坚定、坚韧与坚持。现在综观他的教育生涯,我们终于发现,他的胆识与魄力,除了根植于他对教育的无比热爱之外,还源于他对教育真实情况的深刻了解与洞察。这也成了他几十年如一日的行为指针和工作方式。

第四节　善出"金点子"

> 无言的纯洁的天真,往往比说话更能打动人心。
> ——莎士比亚

吕型伟以"金点子"多,常被人津津乐道。

前面曾提到,在市东的时候,为了响应"教育向工农子女开门"的号召,学校借鉴当时苏联的"二部制"教学方式。一开始生搬硬套:一部分学生上午上课,下午课外活动;另一部分学生上午课外活动,下午上课。这使得教学表面上井然有序,但实际上打乱了课程安排的科学性,进而使得教学质量因为一下子涌进很多学生而大受影响。

吕型伟在反复比对、反复调整中,找到了一个"三分时空"的独特方法,即"三班两教室",创造性地改良了"二部制"。

那时候一周上六天课,吕型伟将六天分成 12 个半天,即以半天为一个单位进行重组。这样,每两间教室就有 24 个半天供排列组合,就是三个班级合用两个教室,并以时间错位的方式,来满足每个班级每周八个半天的教室上课时间,另外每班四个半天,安排非教室内的其他课程与活动,比如体育课、兴趣小组活动和生产劳动等。

这样的精巧安排,不仅完全满足了原先课程的要求,还让课外活动的安排成了学校课程不可分割的一部分,避免了课外活动松松垮垮、可有可无现象的发生,也完美实现了吕型伟倡导的"课内扎扎实实抓基础,课外生动活泼搞特长"的教育思想。

这个办法迅速在全市推广,不仅最大限度地发掘了学校的原有潜力,贯彻了"教育向工农开门"的党中央精神,而且极大地提高了学习与生产劳动相结合的程度,成为了上海市基础教育的一个典型,一面旗帜。

善出"金点子"还表现在到了市教育局之后。作为分管全市基础教育的责任人,他遇见的困难更多,需要解决的问题更复杂。

有一次去市郊调研的时候,他发现了一个颇为特别的学校:青浦赵屯中学。

赵屯是个穷乡,赵屯中学是一所普通中学,其教学设施、师资水平在整个农村学校中属于中下水平。后来国家恢复升学考试后,学校的升学率在青浦区算是好的,于是外校学生纷纷慕名转学过来。当整个社会以升学率为衡量办学质量的唯一指标时,赵屯中学无疑开了一个好头。但是,赵屯中学也看到:不少毕业生高分低能,后劲不足;很多升学无望的学生回家后无所事事,也无能事事;一年也有一百多名"流生"。学生在农村普遍不被看好,成为了"种地不如老子""养猪不如嫂子"的"无能之辈"。这批学生的出路,成了大问题。

农村教育何去何从?赵屯中学在思考,吕型伟更是为此殚精竭虑,他知道这个问题的解决与否,意义重大,也牵涉全局。因为从全市、全国来看,这样的问题普遍存在。

彼时,他正主持国家重点课题"21世纪中小学幼儿园教育现代化的研究与实践",于是,赵屯中学就成为了首批5个子课题的实验学校之一来探索与实践农村教育为经济建设服务的新路子。通过反复走访、调研和思考,他提出在学校实行初三分科的临时性办法,即针对部分学生的实际读书能力及农村生产、生活的需要,较大幅度地削减学科知识的难度,增加与农村社会经济密切相关的种植、养殖等课程,由几名原"农校"毕业的在校教师传授相关农技知识。这个办法,虽然有着德国职业教育分流的影子以及相关的理论依据,但毕竟是探索性的,参与实验的当事人都有些忐忑不安。但令人意外的是,这一年,赵屯中学取得了历史性的好成绩:初三毕业班整体成绩再创新高。更可喜的是,没有出现一名"流生",其中一个叫杨桂东的同学,是分科生中的一员,毕业一年后,成了远近闻名的"鸭司令"。

这一实验的成功,为他日后关于学生分级分流、促进学生多元发展的教育思想,打下了坚实的实践基础。他也常常说:"人人有才,人无全才,扬长避短,人人成才。"

还有一件事,也发生在赵屯。一次偶然的机会,吕型伟看到大宾馆里冬天有草莓,很奇怪,因为中国的草莓只在四五月份收获一次,而且很难保鲜。打听一下才知道,原来都是用外汇从国外进口的。于是他忽然想:"有没有办法自己种草莓呢?"于是向中国农科院打听到了外国有四季草莓,还通过农科院引进种子,就放在赵屯中学里试种。刚开始种植的时候,大家都觉得新鲜,问这能不能吃。后来试种成功,就大批量引进种子,引进技术,教会每个学生,并让学生把种子带回家里去种。结果,每家每户都会种草莓了,赵屯成为全国有名的"草莓之乡"。一个学生还把草莓种到了南非,成了百万富翁。

一开始的"无心插柳",居然让赵屯中学不仅为国家输送了一批又一批"学识之才",还为当地培养了数以千计的建设现代化农村的合格劳动者和接班人,促进了赵屯农业经济的迅猛发展,富了一方农民。几年之后他再次造访赵屯,那里已经成了闻名遐迩的富乡。赵屯乡的农民,光草莓一项,每年的净收入就高达八千多万元。

赵屯,被人视为"中国农村教育改革的样板"。其背后,是吕型伟的智慧,也是他教育思想的充分展现。这个故事的后续是:农村教育改革探索开始全面启动,"农科教统筹,普职教结合"的口号提出了。令人欣喜的是,这一口号还被写进当时的中央一号文件,成为指导全国农村工作的重要思想。农村教育改革的"燎原之势"逐步形成。

第三个故事是关于拿下上海的高考自主权的。

有一次,上海市副市长杨恺和吕老一起去看望教育部部长何东昌。当时几人讨论的话题很广,吕老则故意把议题引向高考自主权:"高考众口难调。中国这么大,中国的一个省,可能比欧洲的一个国家还大。怎么能用一张考卷来录取考生?况且中国各个省的教育厅厅长都是内行,为什么不能把权力下放到各个省教育厅?教育部完全可以超脱一些。倘若全国各个省很难,能不能先选几个省试一试?"何部长说:"这件事实在太大了,我不敢动。"吕老说:"那么先给上海试点,行不行?"何部长骑虎难下,说:"那么上海先试试吧!"

过了几天,吕老又去找杨恺副市长,发现他面露难色。从言谈中知道,当时上海高教局不太愿意做这件事。教育部也还是不同意。为什么部长一到北京，又反悔了呢？后来才了解到，是教育部一位管高考的司长不同意。吕老多少有些生气，于是到北京直接找到这位司长，劈面就问："你为什么反对呢？"这位司长说："这件事实在太大了，你还是不要做吧！"吕老说："明天部长接见我，你能不能不讲话？"司长答应了。第二天吕老再见何部长，再次阐述了上海试点的必要性，部长看了看司长，司长不吭声，真的按照商定那样不讲话。何部长见司长不讲话，以为他同意了，就拍板："这样，上海的高考自主权，先给你们试，不行的话，再退回来。"讲到这里，吕老孩子般笑了起来，接着又说："我怕上海一个地区有点孤单，又联络了其他几个省。"上海的高考自主权就是这样拿下来了。

图5-3 "三个面向"教育思想是教育改革的强大动力

拿下高考自主权，就等于开辟了一个课程改革的突破口，这为国家探索人才培养机制，提供了一个十分可贵的契机。事实上，之后的二十年，上海的教育改革成果丰硕，应该有一份功劳算在这个里程碑式的事件上。

……

吕型伟情在教育、思在教育、成在教育，并且真正地将教育与人的发展、经济的发展、社会的发展结合起来、融合起来。这是吕老教育智慧的出发点和归宿，也是吕型伟教育思想体系的核心与真谛。

第六章

"教育缔造和谐"

在市东中学修旧如旧的上海市优秀历史建筑——原缉椝中学的教学大楼南墙上，有六个金色大字赫然在目：教育缔造和谐！这是吕型伟的亲笔题字，这是他对一生所钟爱的教育事业的未来憧憬。上海市教育学会会长尹后庆指出，吕型伟教育思想，涉及大家所关心的未来教育问题。而这些问题的提出和探讨，反映了一位老教育家对教育这一涉及人类命运的事业的前瞻性和深邃的战略思考。

第一节 多办学校,少办监狱

> 教育就是一棵树摇动另一棵树,一朵云推动另一朵云,一个灵魂唤醒另一个灵魂。
>
> ——雅斯贝尔斯

吕型伟一生痴迷教育,在几十年的教育生涯中,他一直相信"爱的力量",总在践行"教育的力量"。堂堂正正做人,实实在在做事,这是吕型伟对学生提出的要求,也是他对自己始终如一的要求。

吕型伟爱才心切,总是对他们呵护有加;吕型伟也对普通孩子、弱势孩子爱护有加,甚至释放更多的爱意。

一张未签署的"开除令"

当吕型伟初任市东中学的校长,大刀阔斧整顿教风、学风的时候,有那么一个学生,思想很"反动",上课时尽捣乱,平时也不守纪律,总提一些当时被认为是大逆不道的问题,如"我们为什么要一边倒,为什么要完全倒向苏联?""苏联为什么要占领旅大?"等政治敏感问题。老师们都很头疼,不止一次地建议要开除他,根据他的一系列校内违规记录,确实也可以开除了。对于当时的吕型伟而言,只要动笔签署"开除令",那么他可以给老师很好的交代,同时也可以趁此机会大力整顿校纪校规,这是一个多好的机会呀!但笔提起来,还是又放了下去:"解放时间还不长,年轻人转变思想总是需要时间的。至于不守纪律,甚至做些出格的事,完全与他的思想有关。我假如这么轻易地开除他,就把他的后半辈子给断送掉了嘛!"因为不想断送了孩子的后半辈子,即使这个孩子屡犯校规,吕型伟还是一忍再忍,一直想着再给他一次机会,再教育教育,就这样,一直拖到毕业,都没有开除他。"毕业后他会不会干什么坏事?"也成了吕型伟一直担心的事。时间一晃过去了5年,这个孩子的突然造访着实吓了吕型伟一大跳,但事实不是吕型伟所担心的那样。原来,这个孩子毕业之后,考上了同济大学。在大学里,他加入了共青团。大学毕业后,他响应国家号召,准备支援边疆建设。几年来,他一直对吕型伟有种愧疚感,所以借着要支边的机会回到母校,同校长解开这个心结。

这件事对吕型伟的触动很大,从此他就树立了一个信念:人是可以教育好的,学校不能轻易地处分一个学生。处分容易,给他一次机会难,因为需要承受很多压力、很大风险,但哪有比教育好一个孩子,使其堂堂正正做人、实实在在做事更重要的呢?

学生做坏事是各种因素促成的,甚至在变坏的过程中,一定也有多次想改过来的想法,可惜很少有改正的机会。教育是潜移默化的,而且有阶段性、延续性、反复性。小学阶段没有教育好的学生,到了中学阶段、大学阶段也许就能教育好。要相信教育应该是有力量把一个不好的学生教育过来的,要有耐心,还要宽容,要允许学生犯些错误,做些出格的事、傻的事。

没有送进公安局的"能人"

20世纪50年代初,虽然社会趋于稳定,但由于长期的战乱、贫穷及其他原因,不少小孩子流离失所,上海街头时常可见流浪儿童。这些孩子一旦受坏人的教唆,就会滑向犯罪的深渊。事实上,这个群体的犯罪比例很高。该怎么对这些孩子?是不是该把他们全部交给公安局,作为少年犯送去劳动改造?这固然简单,甚至"成效"立竿见影。但是把孩子简单地拒之于校门之外,推向社会或送进少教所,就会使孩子留下终身"烙印"。

"人是可以教育好的",应该多给他们一次受教育的机会。于是在吕型伟的大力建议下,上海成为继北京之后的全国率先创办工读学校的城市。封闭式的管理模式,让犯罪的青少年们同犯罪分子隔离,避免重蹈覆辙。工读学校挽救了一大批孩子。经过工读学校的教育,他们重新获得了工作或学习的机会,重新恢复了人的尊严,重新融入社会,逐渐成为受人尊重的人。他们中重新犯罪的比例很小,也有后来考上大学的。工读学校的显著成效,也羡煞了国外教育专家,在多次组团来中国学习之后,他们向政府提出了一个口号:多办学校,少办监狱。这个"学校"就是指中国的工读学校。发生在中国的工读学校的很多事例,让他们深受触动。

有一个女孩子,是烈士的女儿。父亲牺牲后,母亲改嫁。她就由奶奶管,但年迈的奶奶根本管不了她。这个女孩子小时候经常受别的孩子欺负,但个性很强,谁欺负她,她都反抗,不但反抗,还要打过人家,把人家打服。这样,她居然打出了一条路,成为所在街道的"一只鼎"。她手下有十五六个孩子,也都"能征善战",横行霸道,想干什么就干什么。按照条例,她已经犯罪了,可以送少年管教所。当时已任市教育局政教处处长兼普教处处长的吕型伟听说这件事情后,想到她父亲是个烈士,她之所以变成这样,社会是有责任的。所以他强烈建议把孩子送到工读学校,由学校、老师来教育她。当吕型伟见到这个光看材料足够判刑的孩子时,他的心又软了下来。他认为这是考验学校教育能力的时候,就对工读学校校长周长根说:"这个孩子我们就收下来,不要送公安局。第一,无论如何要把孩子教好,否则对不起她那为人民牺牲的烈士父亲。对此我们应该有信心。第二,教育过来后,把她的所有档案统统烧掉,一张不留。第三,等她改好了,把她的名字改掉,让原来那个人'消失'掉。"果然,经过几年的教育,她洗心革面,像换了一个人似的。从工读学校出来之后,她被安排到街道工厂工作。因为她"管人"有一套本事,厂里的小青年都对她服服帖帖。后来她成为一个车间的领导,还成了共产党员,最后还进入了单位的领导层。

没有被埋没的"金子"

还有一个孩子,父母是老三届。父母十七八岁的年纪就被分配到安徽农村。村里只有他们两个上海人,慢慢地相互有了感情。因为年少不懂事,生出了孩子。他们把孩子送回来,交给外婆带。奶奶那边根本不认他。这个孩子经常受歧视,从小就没有得到过温暖。十二三岁的时候,他就离家流浪,居然走遍了半个中国。他汽车、火车都坐过,当然,从来不买票。

后来,父母结婚后调回上海,想要孩子,可孩子死活不肯回家。他一直责问父母:"你们为什么生我下来,又不管我?"父母无言以对,能做的就是千方百计地补偿他,但多少年积累的痛苦和怨恨,岂能一朝化解?受伤的孩子性格极端孤僻,已经习惯了自己舔舐伤口,冷漠地拒绝了这份迟来的爱。

吕型伟在工读学校见到了这个孩子,他眼神冷漠,像只受伤的小狼。吕型伟对老师说:"孩子是无辜的,我们所能做的就是对他加倍呵护,付出真心的爱,让他感受到社会的温暖。"

终于,功夫不负有心人,经过老师们的努力,慢慢地,他的眼神柔和了。有一天,老师为他读了一首诗:"是金子就会闪光,但闪光的不一定是金子。"听完后,他起先默不作声,后来写了一篇作文《我也要做一块金子》,让大家感动不已。

图6-1 吕老题字:教育缔造和谐

吕型伟始终认为教师就是要时时刻刻记住,在教育学生的问题上要坚持"欲成才,先成人,不成人,宁无才"的原则。他认为人都不像人,要才何用?一个人如果不像人,那么才越大,对社会的危害就越大。所以,教育并不是要所有孩子都成为"尖子",而是要把所有学生教育成人,教育成一个堂堂正正、正正派派的人,一个对社会有用的人。当教育把误入歧途的孩子都教育成功了,那这与所教的学生获诺贝尔奖一样,都是令人欢欣鼓舞的,因为二者的含金量是一样的。

……

因为同情弱者,所以在长期的教育生涯中,吕型伟都始终关心着工读学校、农村学校、职业学校、民工子弟学校等弱势学校里的弱势学生们,并且愿意帮助他们,替他们说话,为他们做事。

第二节　课程改革是一个核心阵地

持续学习的能力,决定一个人能走多远。

——查理·芒格

"回顾一生,做校长是最有味道的经历,可以亲自去探索和实践,而教育就贵在创新,重在实践。"当年至七十,正式从上海市教育局副局长的位置上退下来之后,吕型伟就这么坦诚地对人说。

他也曾对他的兄长兼好友段力佩说:"还是你好呀,可以在育才(中学)这个园地里耕耘一生,心无旁骛,收成大得很呢,上海滩上,人们可以不认得局长副局长是谁,教育界谁不知道你段大炮的名声。"

吕老的几番话,是发自内心的。在他七十多年的教育生涯中,他一直在围绕着学校课程的改革和创新做文章。他以"文理并重,理实交融"为思想指引,谱写了他一生最值得骄傲、最津津乐道的课程改革故事,也幽幽地叙说了他最不舍也最有痛感的遗憾篇章。

课内扎扎实实抓基础

当时正值新中国成立初期,全国正处于学习苏联"老大哥"的热潮中,上级强调学校要学习苏联凯洛夫教育学。但吕型伟却不盲从,而是勤于思考、勇于探索,在市东中学率先改革凯洛夫教育学中一套比较呆板的教学模式,从课堂教学的原则、教学环节、课堂提问,甚至板书设计等方面狠抓课堂教学质量。

作为校长的吕型伟每天会像学生一样坐在教室后面听老师上课。他会站在学生的视角,考虑学生是否听得懂、喜欢听、能掌握。他又以长者的身份,事无巨细,手把手教青年教师上课,和他们一起磨课,改变课堂教学方式。落实一切以学生为中心的教学理念,注重培养学生的主动学习能力和创新思维。他鼓励教师采用启发式教学方法,引导学生积极思考和探索,培养独立思考和问题解决能力。他鼓励教师设计合理的教学环节,确保教学过程的连贯性和逻辑性。他提倡教师在课堂上采用多种教学方法和手段,如小组合作学习、案例分析、实验探究等,以激发学生的学习兴趣和参与热情。此外,吕型伟重视课堂教学的提问环节。他创造性提出"密集提问法",强调教师要善于引导学生提出问题,并鼓励学生经历思考、讨论和解决问题的过程,以培养学生的批判性思维和问题解决能力。他要求教师通过不同的提问方式,让每位学生的注意力在课堂上都处于一种高度集中的状态,因为随时随地都可能被提问到,当然学生也可以主动发问,从而大大提高了课堂的教学效率。细节如教学的板书设计,他也异常重视。他鼓励教师在板书上精心设计,使之简洁明了、重点突出。他提倡教师使用图表、示意图、关键词等方式方法,帮助学生更好地理解和记忆知识点。他还鼓励教师及时梳理和总结板书内容,以便学生复习和回顾……这种细致入微的、具身的、长期的指导,让课堂这一阵地,成为难以撼动的攻坚前线。

一代名师杨国英那时还是青年教师,她就是在吕型伟的栽培下迅速成长的。吕型伟一次次地走进杨老师的课堂,课前帮她备课,课后为她分析,不断指导鼓励她进行教学新尝试。有一次苏联教育代表团来沪访问,听了她的课后作出极高评价,还在苏联教育刊物上多次介绍、评论她的教学方法。谁能想到,被苏联教育代表团极力推崇的杨老师,当年也只是刚从教两年。不得不说,吕型伟所推崇的课堂教学方式独树一帜。而这一系列的创新实践,目的是要提高学生的学习效果、发展学生的学习能力。

图 6-2　苏联代表团访问学校,吕型伟作介绍

不仅如此，全校的计划、总结、业务学习以及对教师的检查与监督都是以教学为中心。那个时候，吕型伟就建立了各科教研组与备课组，形成一套教学管理的体系。在吕型伟积极推进课堂教学改革的带动下，教师重视教学研究，各个学科在教学中都有创新举措。其中，化学组作为市东推进教改的一个点，对教学方法进行了多方面的探索，取得了不少经验。他们改注入式为启发式，着眼于启发学生活跃思维，培养能力，让学生成为学习的主人。他们对元素化合物教学改革的探索，取得了很大成果，并把"卤族元素"一章的教学经验向全市介绍，影响深远。物理组在物理概念的教学与实践教学方面强调学生的动手实践，为此通过不断自制教具来为学生动手实践创造机会，光自制教具就放满了两大间实验室。其他各组也各有特色，教学成果显著。

而狠抓教学质量就必须对学生严格要求、严格训练，这是培养学生创新精神的基础和前提。在吕型伟教育思想的指导下，市东中学教师的认真、严格是出了名的，给学生留下了终生难忘的印象。市东校友在几十年后还在回忆自己高中时期上语文课时被老师叫上讲台背书"插蜡烛"的经历，也经常把这段经历讲给自己的学生听，告诉学生们背诵不等于死记硬背，有些内容少年时代先背下来，慢慢才会消化，才会加深理解，这是学生时代的市东严师给自己的教训。

正是吕型伟在吸收凯洛夫教育理论合理部分的同时，深入实践、勇于创新，再加上教师们积极试验，促进了市东传统课堂的变革，促使学生发挥更大学习主动性，提升了课堂教学质量，"市东中学品牌"的核心内容才得以形成。

课外生动活泼搞特长

在狠抓课堂教学质量的同时，吕型伟一直关注如何处理好书本知识与社会实践的关系。

如果说课堂教学吸收、创新了传统派理论的话，那么课外活动方面则引进了现代派做法，活动的设置以学生兴趣、爱好为导向，目的是让学生在活动中将课堂知识和生活能力融会贯通。他将市东中学的课外活动搞得轰轰烈烈，并为它起了一个名字——"最活跃的教学因素"。

20世纪50年代，陈伟彬老师受组织委派赴苏联考察，重点学习综合技术教育的理论和实践经验，回国后试点推广。吕型伟就把来自苏联的综合技术教育发展成了富有市东特色的劳动教育，创办了校办工厂，这在上海是一个开先河的创举。按计划,初一学木工,初二学钣金工,高一学车钳工,高二学汽车修理、驾驶,高三学电动机。在他的倡导下,从50年代到60年代初,学生的课外活动开展得有声有色,科技、学科、文艺小组等门类齐全,还有配合教学的讲座、参观、看电影、活动日等群众性科普活动,使单一的课堂教学、课程传授演变成"以课堂教学为主,辅以课外活动"的新教学模式,这在当时是一种别开生面的探索。

即使几十年后,还有学生对陈伟彬老师的劳动实习课印象深刻。因为陈老师在第一堂课上风趣地说:"过去有一句话,叫君子动口不动手。今天我要改一改,君子动口也动手。通过劳动实习课,把我们学到的物理知识和化学、数学知识都用起来。"劳动实习课启发了学生将理论与实践结合起来,给学生奠定了一生的思考方式和行事方式基础。

课外活动自然也包括艺术活动。学生在语文老师的带领下,通过语文课中的剧本学习,进行排练小话剧的尝试。全班同学有的写剧本,有的做导演,有的演角色,没有角色的便当群众演员,营造舞台气氛。所有工作也都是大家分工完成,有的刻蜡纸,有的油印剧本,有的负责制作剧中的道具,忙得不亦乐乎。最终的结果是演出获得了全校师生的一致好评,获得了一等奖,还受邀到外面演出。这多像当下竭力提倡的"项目式学习",让学生在实践操作中理解、体验和感受,蜕变成蝶,茁壮成长。

图6-3 生动活泼的课外兴趣活动

正如改革开放以后吕型伟对自己的课程改革实践进行的理论化提炼："我提出'第二课堂'与'第一课堂'并重，根本指导思想是'第一课堂'扎扎实实打好基础，'第二课堂'充分发展个性，二者并重，而且在一个人身上统一。"学生的创造力、实践力就是在两个课堂并重的学习经历中得以充分发展。

……

关于课程建设，历来有"四大矛盾"之说：一是自由发展与社会需要的矛盾，二是基本素养与个性差异的矛盾，三是书本知识与社会实践的矛盾，四是教师主导与学生主体的矛盾。如何破解这"四大矛盾"？吕型伟创造性地将之分为"两个渠道"，即"第一课堂"和"第二课堂"，并提出"两个渠道并重"的实施理念，这是中国课程史上的伟大创举，也是"四大矛盾"的最优解，是吕型伟教育思想与课程理念的鲜明标识，必将继续指引中国未来的课程改革方向！

第三节　教师培养招数多

人以信立世，师以德育人。

——周兰安

吕型伟任上的市东中学，被戏称为"韭菜地"。说的是每年市东中学总是向上级、向高校、向兄弟学校输送优质师资、优秀干部，一茬一茬的，源源不断。令人十分诧异的是，市东的教学质量居然不受影响，青年教师总像是雨后春笋般拔节生长。

为此好多人想一探究竟，却也莫衷一是。不过，吕校长的用人之道和育人招数，倒是可以在这里说几条。

政治站位：为师者的立场绝不含糊

解放初期，市东中学的教师队伍基本上由三部分人组成。第一部分是原缉椝中学留下的老教师；第二部分是由于教育事业快速发展、师资缺额较大而从旧机关留用人员、家庭妇女、知识分子中吸收并进行短期培训后调用的；第三部分是大专院校分配来的。从年龄结构看，中老年教师占绝大多数，青年教师人数较少;从业务水平看,原缉椝中学的老教师和从外校调入的老教师知识基础深厚、经验丰富,其他教师大部分具有大学学历,但比较缺乏教学经验;从政治水平上看,由于解放后的时间不长,教师对党的认识和对党的各项方针政策的理解还不深入。如何提高教师的政治水平,加强党和教师的联系,密切党群关系,以及如何发挥老年教师在教学工作中的骨干作用,带动中青年教师在业务上提高,已成为办好学校的关键而迫切的问题。吕型伟向党支部提出:将党的统战政策和知识分子政策结合起来,即支持部分中老年教师参加民主促进会,建立市东中学民进组织,参加者定期过组织生活,学习党的方针政策,研究学校工作,以及对行政和党支部提意见和建议。于是,党支部将民进组织作为积极的力量,使民进成员逐步加深了对党的认识,提高了政治思想水平,日益扩大了在中老年教师中的影响。党支部也通过民进组织密切了与中老年教师的关系,依靠民进组织中政治站位坚定的资深教师,让他们在教学工作中发挥骨干作用,再加上其他具体的培养措施,使中青年教师的政治思想水平和教学业务能力逐步提高。

青年教师:了解与锤炼助力茁壮成长

吕型伟会"看相",几次听课之后,新进的青年教师的发展方向,他便了如指掌。随后便是不遗余力地培养,并在使用中锤炼,帮助他们迅速成长。他深入少先队大队部,听学生对老师讲课的反馈。他经常到教室里听课,坐在最后一排,边听边记。他还在课后与老师探讨,据杨国英老师说,吕校长听课后,一定会提出意见,细致入微。

曾在市东中学任教多年,被推荐为代表去北京参加全国文教群英会,受到了党和国家领导人接见的刘葆宏老师就有这样的切身体会。1954年秋,刘葆宏老师被调入市东中学教化学。不久,在一次教研组长会议上,吕校长要各教研组做教学质量分析,以达到进一步提高教学质量的目的。对于从教不久的青年教师而言,他们从未做过也不懂什么是教学质量分析。根据吕校长的要求,各教研组进行集体研究,从各个角度出题考查学生。考试之后再一题一题地分析,统计学生的成绩。经过分析讨论,大家吃惊地发现:凡学生答错或答得似是而非的题目,都是教学过程中的问题;学生答得好,是教学中讲得透彻、演示正确,反复考查学生的理解,又进行多方面、多途径操练的结果;学生答错,往往是老师讲过但没有反复操练,练习做得不够的缘故。经过分析,大家很高兴,因为既然发现了问题,也就意味着找到了解决问题的办法。作为一名教师,教学上一点都马虎不得,对每一个概念、每一个问题都必须认真考虑:学生可能听不懂、弄不清、易混淆的地方在哪里?如何在正面讲清楚概念的基础上,从反面对其加以考查和论证,并运用多种方式,使学生对其牢固掌握?只有将这些问题梳理清楚,才算完成了教学任务。这让年轻的刘葆宏懂得了考试不仅是考学生,也是考老师,更重要的是它可以检验教学质量。这样的做法影响了刘葆宏老师的从教生涯,为她成长为优秀教师打下基础。

另外一件让刘葆宏老师记忆深刻的事是,她参与的学校教改实验面临总结,但她因怀孕原因不能上班,在这种情况下,吕校长竟亲自率华东师范大学的教师到她家开会,听取汇报,进行讨论,不惜花去大半天宝贵的时间,深入化学这一门学科,帮助一个教师进行教学总结。他这种重视教学质量、教学研究的务实作风和重视一个普通教师劳动的严谨的工作态度,令刘葆宏终身无法忘怀。

资深教师:信任和依靠成就生命价值

对于老教师,吕校长则十分敬重,充分发挥他们的特长。如对像王学镛老师这般作为原缉椠中学的"开国元勋"的元老级教师,吕校长给予了充分的敬重,并为这些老教师的职称评审创造条件。1956年,王老师被评为一级教师[①],而当时全校仅有两名教师获评,足见吕型伟对老教师的重视。同样是旧时代知识分子出身的殷正甫老师也是如此。由于在古典文学方面造诣深厚,吕校长聘请殷正甫老师担任市东中学的高中语文教师。在学生的回忆中,年近古稀的殷老师高高的个子,穿一件长衫,额头上有两道长长的寿眉,宛如年画上的老寿星。殷老师年事已高,讲话慢慢的,声音不高,略显苍老,平时他待同学十分和蔼。然而,一上讲台,殷老师就十分严肃、认真。在同学们的心目中,殷老师既是慈眉善目的老先生,又是严肃认真的好老师。

当年市东有强大的师资队伍,是吕型伟四处奔走、登门拜访、兼容并蓄、广纳贤才的结果,许多老师正是因为他的诚恳、苦心和怎么形容都不算过分的儒

---

① 新中国成立后的首次中小学教师职称评定规则:一级教师属于最高等级。

雅魅力而心甘情愿投入市东门下。但同时,这更是吕型伟善于识才用才的结果。

有一位在解放前有国民党上校头衔的文职人员,隐瞒身份到学校任教,工作非常积极,教课也很努力,为人老实,学校放手让他工作,发挥他的特长。后来他因被牵涉而被捕了,被捕时还向吕校长表达了歉意和感激之情。若干年后,他劳改结束回沪,在普陀区工作,表现很好。他还回到市东中学参观,怀念当年吕校长的教育,感念吕校长曾经给予的信赖与支持。

一系列培养教师的举措,形成了优良的教风,培养了一大批德才兼备、忠于职守的教师。1956年,市东中学有十位教师被评为上海市优秀教师,得到了由陈毅市长签发的证书,这让兄弟学校艳羡不已。同时,市东中学还向大专院校、兄弟学校、党政机关输送了几十名优秀教师和干部,若干年后,这些人都成为响当当的、独当一面的拔尖教师和领军人物。

后来到了市教育局,一个领导问吕型伟:"你树立的几个教师典型,于漪、斯霞等,为什么历经数十年,依然'不倒'?"吕老说:"那是因为他们业务上过得硬,政治上很坚定。她们为人处世也是谦虚谨慎,她们是真正从群众中走出来的。"

……

吕老就是这样,秉持为党育人、为国育才的公心,敢于和善于发现教师的潜力,并帮助他们、锤炼他们、依靠他们,使他们成为市东中学的"领头羊",也成为市东这一航船劈波斩浪的坚强保障力量。

第四节 "云游和尚",到处劝人信"教"

我的耳朵宛如贝壳,思念着大海的涛声。

——可拉托

从市东走来,吕型伟看尽了中国基础教育的沿路风景,这一路颠簸,跌宕起伏,他收获过鲜花,更体验过路途的艰辛,甚至荆棘铺路,步履艰难。时间的车轮滚滚向前,吕老也成了头发稀疏、身躯佝偻的老人,进入了"古稀之年"。

1983年,他正式从上海市教育局副局长的位置上退下来。

那天,市委领导找他谈话,说他退下来之后仍要担任"实质性顾问",于是就引发了颇为有趣的对话,不妨记录在此:

"我一听这个名称很新鲜,就问什么叫'实质性顾问'?

"她说,就是还要主持工作,可以签发文件,可以主持会议,可以布置工作,等等。一句话,同不退一样。

"我就笑了,对她说,中央文件没有这个规定,离休就是离休,顾问就是顾问,我不能违反中央规定呀。

"但她仍然坚持,我只好说,那必须去掉'实质性'三个字,顾问就是顾问,而且与她约法三章:我这个顾问,一不做'摄政王',二不搞'垂帘听政',三不搞'十八相送',就是说绝对不掌权。她又问,什么叫'十八相送'。

"我笑着答,这是梁山伯与祝英台的爱情故事,两人分手时难舍难分,送了一程又一程,送了十八程,我只能送一程。我还补充说,'扶上马送一程'这个话也是不通的。新干部在马上,我怎么送?如果他因我在送他,不敢跑得快,那么就影响了工作。如果他不好意思一人骑马,要我也骑上去,这匹马怎么受得了?如果他觉得自己骑在马上而老人在下面走,不好意思,也下马来一起走,那么就会影响事业的快速发展。所以我只能目送一程。"

她笑了,吕型伟也笑了。

这个对话,让我们看到了一位老干部、一位老教育工作者的睿智与豁达。

"无官一身轻",从局长岗位上退下来之后,着实舒服了一段时间。但他的名望,他的智慧,他对中国教育的深切关怀,怎么能让他"闲得下来"。他先后担任过中国教育学会副会长、中国教育国际交流协会副会长、上海市教育学会会长,当过全国教育科学规划领导小组基础教育组组长、教育部专家咨询委员会委员、九年义务教育课程教材改革总顾问,等等,至于基层学校的名誉顾问、大学客座教授等头衔大约也有五六十个。

他说:"反正不拿工资,心里没有什么不安的。我还可以发挥作用,不在行政位置,可以减少很多事务性工作,专心致志研究未来的教育。"

如他所愿,一个自由的灵魂,从此可以"云游四方"。

吕老离休后,给自己起了一个雅号——"云游和尚",并到全国四处讲学。讲学时他往往念两本"经",其中一本"经"是念给教育界外部人听的,就是劝人信"教"——劝人相信教育,关心教育,支持教育。其实这一本"经",早在很多年

图 6-4　吕型伟返校留影

前他就已经"喋喋不休,念念不息"。

他曾经把夏家村小学的故事讲了又讲,到处宣扬:

"那是八十年代初,上海教育还在百废待兴的阶段,我到上海郊区夏家村小学去看了一下。这所学校的校舍修得整整齐齐,院墙围起来了,绿化搞起来了,操场上运动器械也添置了一些,而且实行免费,教育质量也有明显的提高。村里还给每个学生免费发一套校服。为什么能这样？主要是领导重视。村支书老张同志对我说,他考虑了一下,现在本村每年出生的孩子大约 20 人,能升大学、中专的总是少数,大多数人要留在本村。就是说今后村的面貌、发展前途怎样,要看今天对他们的教育怎样,要看舍不舍得在他们身上花钱。于是,不收学费,不收书费,实行全免费教育直到初中毕业,成了村里干部群众的共识。"

是啊,中国绝大部分人口居住在农村,所以要特别重视农村教育,使农村教育能为当地的经济和社会发展服务,当时,吕型伟提出的"一所小学要富一个村,一所中学要富一个乡"的口号,多么激动人心,让人振奋。

在那个年代,这种宣传、这种呼吁,在一点一滴地提升大家的认识与觉悟,直至形成共识。

吕型伟的另一本"经"是念给教育界内部人听的,念的是"改革经"——劝人改革,劝人接受挑战,中国教育不改革没有出路,不改革难以适应社会主义现代化建设的需要。

首先是几次三番呼吁要重视对"教"的研究。他在上海担任教育局副局长期间，促成了全国首家教育科学研究专业机构——上海普通教育研究所的成立，然后全国其他地方跟进；他在教育部工作期间，则向国家领导人多次建议成立中国教育科学院，他说：

"教育是一门科学，一门实践性很强的科学，不能关在书斋里研究，而要到第一线去探索。古今中外有成就的教育家都是亲自参与实践，甚至办实验学校的。人们常说，'实践出真知'，教育尤其如此。但是，单凭在第一线工作的校长与教师还不够，还应有专门的教育研究机构与研究人员，二者结合，才能开展真正的教育改革与教育研究，也才能出好的成果。中国有两个科学研究院，一个是科学院，一个是工程院，都是研究'物'的，不是研究'人'的。人的培养是最高级的一门科学，非常奥秘，应该有一个专门的研究机构。

"现在中国仅有个教育科学研究所，这个所的行政级别是司局级，隶属于教育部，而科学院直属国务院，孰高孰低、孰重孰轻，一目了然。1964年，我在中央教育科学研究所工作时，工作人员只有七十几个，有研究员职称的只有7个，我是其中之一。当时，附近有个玩具研究所，有几百人。相比之下，研究'物'是那么受重视，而研究'人'就不那么受重视。

"所以，我一直有个梦想，希望建立中国教育科学院，能有一支庞大的力量研究教育，研究人的培养。"

吕型伟的呼吁，是极富价值的。让人欣慰的是，在他去世的前一年，即2011年，中国教育科学研究院正式挂牌，到2018年的时候，中国教育科学研究院有专业技术职务人员201人，具有博士学位的科研人员比例达65%；还设有13个研究所，建有教育与经济人口社会发展决策模拟分析平台、教育调研平台和访问学者培养平台等，成为中国教育现代化过程中的里程碑事件。吕老，您的梦想终于实现了！

"云游和尚"更钟爱的还是中国中西部广袤的大地。那里有名山大川、金沙云海，处处人杰地灵。他85岁时，泰山、峨眉山都登临过了，体味到了"一览众山小"的人生意境。但是，在他"意气风发"之余，却也时时忧从中来：改革开放后，中西部地区经济相对落后，那里的教育，远远落后于东部沿海地区，也远远落后于这个时代。

图 6-5 黄玉峰给吕型伟的题字

于是,这位"云游和尚",携国家级重点课题"中小学整体改革的实验和研究"和"21世纪中小学幼儿园教育现代化的研究与实践",走向西部,走进一个个古老的村落。吕老深情地说:"参与这项实验的学校已经有 65 所,这些学校,遍布全国 16 个省(自治区、直辖市)、两个地区(港澳),从黑龙江、吉林、辽宁到海南岛,从东部沿海发达地区到四川、云南、甘肃、宁夏,有的学校我已经跑了好多遍了。"吕老不无得意地说:"我曾到过云南一所中学,这一所学校里就有 36 个民族(的学生),有的民族有文字,有的民族还没有文字,学校实行三语教学(英语、汉语、本民族语)。"吕老又说:"现在已经总结了好多经验,如上海一师附小的愉快教育、上海闸北八中的成功教育、广州沙田小学的协同教育、杭州天长小学的差异教育、温州广场路小学的立体教育、南通小学李吉林的情意教育等。"吕老感慨地说:"我一直有个心愿,就是中国的学校,尤其是面广量大的农村学校,能办成适应未来挑战的教育,这才称得上是一流的教育,才能让中华民族真正立于世界优秀民族之林。"

……

离休后的吕型伟,与之前的他,几乎没什么大的差别,信念依旧,理想依旧,目标依旧。"人有信念,才能活得有目标、有方向。我的信念是教育。我在各种场合都强调,我们要对今后 50 年的群体负责,对今后 50 年的世界负责……我们所做的工作,决定一个时代、一种未来,这种事业不值得我们去奉献、去探索吗?"

第七章
"一个新时代 一种新未来"

秉承吕型伟的伟大教育思想,一代代市东人奋楫扬帆,赓续前行。随着中国步入现代化的新世纪,市东教育也与上海教育一起,走向世界,走向未来,走向现代化。

第一节 改革教育 永不停步

【人物简介】

朱耀庭,杨浦区教育局原副局长。长期从事中学数学教学与教育行政管理工作。曾担任上海市辽阳中学校长、上海市市东中学校长、上海市杨浦区教育学院院长、杨浦—同济学院院长等职。

【背景介绍】

我于1993年到1997年任市东中学校长期间以及之后,随时随处都能感受到吕老的巨大影响力。他的"人人有才,人无全才,扬长避短,人人成才"和"允许落后,鼓励冒尖"的人才观,他倡导的"两个课堂""德智体美劳综合发展"等教育理念与改革实践,始终成为市东中学深化教育改革的强劲动力。

回顾我所知道的吕型伟,就是理解我们的来处,以便能抖擞精神,坚持改革,走向未来。尤其是怀着教育梦想的领导者,要始终记得吕老的那句话:"校长应当是一个学者,一个专家,而不仅仅是一个管理人员!"

改革教育 永不停步

——忆教育家吕型伟先生

一九九六年十月,上海市市东中学建校八十周年,著名教育家、市东中学老校长吕型伟赠送学校的题词是"改革教育 永不停步"。这既是他对学校发展的殷切期望,又是他对担任市东中学校长的经验的总结。

吕型伟先生是浙江新昌人,一九一八年五月二十五日生。初中毕业后他放弃了升学的愿望,怀着教育救国的满腔热情在新昌县白岩村创办了一所小学,招收山村孩子入学,开始了他的教育生涯。经过一年的办学实践,他认识到要当好一名称职的校长，光凭热情是远远不够的，还需要学习更多的知识和理论。他报考了杭州师范学校，毕业后当了两年小学教师，再考入浙江大学，学习中文专业。一九四六年大学毕业后他来到上海，先在私立学校任教，后到著名教育家陈鹤琴先生任校长的省吾中学任教，并担任教务主任。一九四七年，根据当时中共地下党的指示，创办了以中学生为读者对象的刊物《中学时代》，任主编。刊物半月一期，共出了五十多期。由于中间偏左的倾向，刊物被国民党勒令停刊。在省吾中学工作期间，吕型伟先生当教务主任，任主编，还任教两个班级的语文，工作繁重而紧张，这一时期，他加入了党组织。

一九四九年五月上海解放，吕型伟先生参加军管会市政府教育处的接管工作。一九四九年六月他和教育家段力佩先生一起接管缉椝中学（后改名为上海市市东中学），并担任教导主任。半年后，他担任市东中学校长。在担任市东中学校长的七年里，他呕心沥血，立志改革，积累了许多宝贵的办学经验。一九五六年底，吕型伟先生调任上海市教育局任教研室主任，并兼任普教处处长和政教处处长。一九六四年任中央教育科学研究所研究员，一九七七年任上海市教育局副局长。离休后，吕型伟先生担任中国教育国际交流协会副会长、国家教委教育发展研究中心兼职研究员、中国教育学会顾问、全国教育科学规划领导小组顾问、全国中小学教材审定委员会顾问、上海市教育学会名誉会长。他是国家级重点教育科研课题"21世纪中小学幼儿园教育现代化的研究与实践"的负责人，该课题在全国十一个省（自治区、直辖市），二十多所学校实施。

综观吕型伟先生七十多年的教育历程，从满怀爱国激情创办山村小学，到奋发求学探究教育理论；从教师到教导主任、中学校长、教育行政负责人、教育理论研究员，我们看到的是一位平凡的教育工作者，一位爱国的学校管理者，一位开拓进取的实践者，一位面向时代的改革创新者。特别是吕型伟先生担任市东中学校长期间形成的极其丰富的管理经验、革新精神和办学业绩，始终激励并指引着学校的持续发展。

一、改革教育模式，服务工农学子

吕型伟先生担任校长时间最长的上海市市东中学创建于一九一六年。学校曾名为聂中丞公学、缉椝中学，在当时是一所与格致中学、育才中学齐名，有着较大社会影响的教会学校。学校里较早建立了中共地下党的组织，开展了积极的地下斗争。据吕老回忆,他在市东中学所做的第一件事就是把一所原为国民党政府直接控制的学校改造成为由中国共产党领导的社会主义新学校。而热爱教育、服务师生、锐意进取、勇于改革是吕型伟先生治校最鲜明的特点。

吕老大胆改革办学模式,坚决贯彻执行"教育向工农子女开门"的政策,创造出"三班两教室"的办学模式,以三十个教室的容量招收了四十五个班级的学生。在确保教育质量前提下,几乎多招收了近三分之一的学生入学,最大限度地发挥了校舍设备功能。这项改革措施得到了市政府的充分肯定,并在全市加以推广。现在市东中学延续着吕老改革创新的理念,在市教委的指导与支持下,正积极探索小学、初中、高中十二年一贯制的办学模式和努力推进德语班试点,为培养新时代社会主义事业建设者与接班人而努力。

二、更新管理理念,激励教师发展

以先进的教师队伍建设理念,培育一支高素质的教师队伍是吕老在市东中学改革创新的又一事例。解放初期,市东中学的教师队伍十分复杂,有原缉椝中学留任教师,有夜校并入教师,还有社会闲散人员。吕老坚持加强党的领导,开展社会主义的基础知识教育,同时尽量发挥这些人在学术上的专长,让他们的才华为广大的劳动人民子弟服务,为社会主义的教育服务。吕老特别重视对教师队伍的教育思想领导,始终关注教师的发展、价值的实现和专业才华的发掘,提出了科学管理、领导艺术、感情联系三举并重的"三要素"原则。规范的管理制度,讲究时间、地点、场合、对象的领导艺术,切合知识分子特点的感情联系,极大地调动了教职员工的积极性。一大批优秀教师涌现,不少青年教师脱颖而出。七年里市东中学向上级机关、科研机构、出版部门、兄弟学校输送干部、研究人员、编辑、校长、教导、教授达四十多人。

吕老关于教师队伍建设的先进理念也极大地影响和指导着市东中学发展,市东中学教师队伍如源源活水,充满生机与活力。据统计,一九九六年学校八十周年校庆时,在职的高级教师为三十七人,退休的高级教师为十五人,语文、化学、物理等多门学科还拥有特级教师和市劳模。多个学科教研组被评为市、区优秀教研组,学校教师队伍建设朝着"出人才,出思想,出理论,出经验"的目标继续奋进。

三、开展教改实验,推进教学改革

解放初,教育领域开展学习苏联经验的运动。老教师回忆说,印象最深的是吕校长亲自抓的"两个学习,两项试点"。他既组织教师学习凯洛夫的教学论,又经过独立思考,发现其过于正规化、程式化、单一化的弊端;他学习加强"双基"的理论,又提出"加强基础,发展智力,提高素质"的思想。吕老说:"我敢于接触实际,并敢于从实际出发思考问题;敢于解放思想,不唯上,不唯书,只唯实,做到'老生常谈不谈,人云亦云不云'。"他以市东中学的化学教研组为基地开始课程、教材与教法的改革试点,选取教学班开展班级教育工作试点。两项教改试点也带动全校的教育改革。市东中学的教改经验在全市乃至整个华东地区都有很大的影响,成为教育改革的一面红旗。

吕老导向的学校教改核心理念是指向培养什么人,为谁培养人,怎么培养人的。他提出的"人人有才,人无全才,扬长避短,人人成才"和"允许落后,鼓励冒尖"的人才观,倡导的"两个课堂""德智体美劳综合发展"等教育理念与改革实践,始终成为市东中学深化教育改革的强劲动力。多年来,市东中学在课堂教学改革和影视教育、环境教育、劳动教育、科技教育开展等多方面都取得了亮眼的成绩。例如,一九九四年中宣部、国家教委、市区领导在市东中学召开现场会,对学校的影视教育予以高度评价,学校被评为"上海市中学爱国主义影视教育先进集体"。市、区有关部门多次在市东中学召开环境教育现场会,化学、生物、地理等学科的五篇环境教育渗透教案设计获上海市一等奖。学校被评为"上海市环境教育特色学校",多次被评为"上海市环境教育先进集体",教师获"全国环境教育先进个人"称号。一名学生在一九九五年八月荣获联合国环保组织创办的"全球青年论坛"课题竞赛(上海赛区)特等奖。

吕型伟先生在市东中学治校虽然已过去了七十多年,但当我们站在新的历史高度来思考新时代的基础教育,来研究学校管理和高素质校长的培养时,会发现,这些宝贵的治校经验仍具有极大的理论价值和深刻的现实意义。吕型伟先生说"校长应当是一个学者,一个专家,而不仅仅是一个管理人员""我强烈希望的是中国应当有学者型、专家型的校长",这也应该是新时代校长为之努力的一个目标。

(朱耀庭,第十三任校长,任期:1993—1997 年)

第二节　从低谷中走出，需要勇气与智慧并行

【人物简介】

金辉，上海市特级教师，2007—2016年任市东中学校长。上海市实验性示范性高中规划评审特聘专家，上海市人民政府兼职督学。上海市教师学研究会综合学科专业委员会主任。上海市初中"强校工程"项目指导专家。曾主持"基于课程标准的新教学任务研究""课堂教学综合改革研究"等项目，主编《中学生学习辞典（地理分册）》等。

【背景介绍】

我是2007年8月起任市东中学校长的，从上海基础教育课程改革看，是改革开放时期上海基础教育"二期课改"的拓展深化阶段，这一阶段上海市教委副主任张民生提出了"课堂是教学改革的主阵地"；从全国看，则是以"三维目标"主导的第八次中小学课程改革阶段。

在吕型伟教育思想中，"课内抓基础"是十分重要的教学观念之一。他认为"人才观"不同，"基础观"也就不同；他认为要从以传授知识为主转向以培养智能为主的新"基础观"；他认为如果确立了以智能为主的新"基础观"，就必然导出"两个教学渠道并重"的课程思想。（参见吕型伟《试论新的基础观》，《吕型伟教育文集》第一卷第102—106页，原载《上海教育》1985年第10期）

以重大科研课题持续推动课堂教学改革是市东中学办学思想和教改实践的一条基本线索。下面提供的是一个课题成果介绍，这个课题撬动了"教学五环节"的优化、以思维品质主导的课堂教学改进、学生"自主—合作—探究"学习方式的变革，撬动了教研科研工作、教师专业水平和教学管理制度的升级等。这个课题成果获得了上海市基础教育教学成果二等奖。

从低谷中走出，需要勇气与智慧并行

——亲历市东中学"二段五步教学法"的新课堂模式探索历程

事物发展，往往在跌宕起伏中前行，学校的发展也是如此。市东中学是上海教育的一面旗帜，但曾经也有过一段艰难的时刻。比如数据显示，2005年、2006年、2007年三年，是市东中学自改革开放三十年来高考质量的"低谷期"。这段时间及之后，也是市东人反思和再崛起的"烽火岁月"。

2007年9月初，学校领导班子召开校务会议，决定于下半年开展一次全校性的、包括课堂诊断在内的教学调研。随后，组织观摩了200多节课，组建了内部视导队伍，开展了课堂观察专业培训，汇总和形成了课堂诊断报告。

报告所显示的情况是严峻的，甚至是触目惊心的，其中最突出的情况是：教师们的诸多教学方式，已经难以适应新时代的教育形势和新生代学生的需求。

首先，虽然老师们很认同学生是"学习的主体"，但是很多学生在行动上，却普遍呈现出被动、接受、服从型学习的状态特征，这种学习方式在课堂上的典型观察特征是：

"老师讲，学生听"；

"老师问，学生答"；

"教师出题，学生做题"。

还有更极端的，课堂上师生"配合默契"，显示出一派表面上的祥和与美好：

"教师样样讲，学生样样听"；

"老师反复讲，学生反复听"；

"老师一讲到底，学生一听到底"。

很多教师也是在思想与行为模糊中，让习惯的力量支配着几十年不变的教学方式。虽然知道要让学生对学习发挥"主导作用"，但是多数教师在行动上却止于"讲过了""讲对了"，没有自觉地、科学地、主动地"导向"学生的自主学习、合作学习和探究学习。

于是，改进教学方式，聚焦师生的教学行为细节，从操作经验上重新定义"以学生为主体、以教师为主导"的经典论断，促进学生从被动、接受、服从型学习方式向自主、合作、探究的学习方式转变，成了市东中学课堂实践研究迫切解决的现实问题。

"先画一个饼吧"

既然学校已经在"谷底",寻求改变就成了全校师生的共同愿望。但没有一个明确、可及的目标,也难以凝聚市东人的心智与力量。

于是,"创智课堂"就这样"横空出世"。从探索内涵开始,赋予"创智"以崭新的含义。

我们要寻求改变,改变中学生被动型、接受型、服从型学习方式,转变师生的有关教与学的观念就成了第一步。

首先,我们引入区内外专家资源,把最先进的教育思想、师生关系定位以及课程观、质量观、未来观,带入学校,让这股时代之风,吹进百年老校的角角落落。

其次,我们也深知,师生的观念不可能自动地"化"为行为,因为老师施教方式、学生学习方式是长期以来形成的行为习惯,只有把现代教育理论"化"为新的规制并且长期坚持,才能比较稳定地形成新的习惯的力量。

我们要具体做的,就是在程序、环节、操作上,把教学过程重构、教学环节重构、教学规范重构作为教学改革的既相对独立、又相互整合的"三个支点"(或称"操作变量"),并以此撬动教学方式的改进。

我们把观念、规制、行为、技术综合起来进行课堂文化变革,并称之为"课堂教学综合改革"。其主题或愿景,称为"创智课堂",意在通过教改,克服教书育人工作的偏差,在认知、社会、心理等方面,创生多元智能发展,实现多元教育目标。

我们梦想,让课堂这个育人主阵地,显示出学科和课程的内在构成成分,影响到教学质量和效能的关键环节,并真正成为促进教师发展最重要的专业实践平台。更重要的是,必须以可见的模样,促进学生认知、品德、心理和谐发展。

"再开辟一条路"

教学质量取决于教学全过程中每一个环节的质量,其中,课堂教学质量具有"牵一发而动全身"的地位和作用。课堂也是课程的内在构成,没有课堂改变,课程改革就不可能是完整的、彻底的。在课堂中,教师每天向学生呈现的,是教师的"为人师表"和"真才实学",是教师的全部人格,只有推动课堂教改,才能促进教师的全面发展。

事情往往这样,过分盯着学生的考分,往往让教师、学生乃至课堂本身"作茧自缚"。当课堂的认知目标被片面"放大",社会、心理目标被人为"缩小",要让课堂回归教学本质,难!

必须实施课堂变革。让学校文化建设的"深层腹地"彰显育人功能,就要克服学校"顶层设计"与"日常教学"经常出现"两张皮"的状况。

于是,围绕"创智课堂"的市东中学"二段五步教学法"新课堂模式探索悄然拉开帷幕。一开始是以"课堂教学综合改革"一词呈现在大家面前,随着思考的深入,开始以科研课题的形式进行深入研究。课堂教改虽属微观,但因其具有高复杂性、高综合性和高挑战性,难以通过一个课题一次性地触及本质的真正变革,必须长期持续滚动推进,才能最终"修成正果"。

于是,依照行动研究法的行进路线,边设计,边计划,边实践,边反思,边改进……以学期为时间单位滚动推进,逐步把课堂教改导向深入、导向前进。课题也从单个课题变成了系列性课题群。

其一,提出了课堂教改思路是"以学生的课堂思维质量主导课堂教改,聚焦识记、理解、应用三个认知水平的教学内容和目标,积极探索教学内容处理、课堂师生互动、课堂情趣激励三大教学方法策略"。

其二,确立校级科研课题"课堂教学综合改革研究"。2008 年 9 月,经校务会议研究决定,启动以"导学案"的编制和使用为特征的"课堂教学综合改革研究"。课题设计的主要教改操作,有编制导学案、设计公共教案、设计预习作业、指导课堂笔记、单元小结作业、精编课堂练习、精选课外作业、精编单元作业、改进作业批改、开展课外辅导等。此外,还积极探索教学内容处理方法、问题设计方法、课堂激励方法、师生互动方法等;使用录像技术开展微格教学研究;在教研制度上实行教研例会制、单元备课制、教研主讲制、教学反思制、标准测验制以及"双向细目"命题和教学质量分析制度等[1]。一些教师、备课组、教研组开始启动"点"的实践研究。显然,这是一个把"导学案"植入教学常规的改革研究。

其三,国家重点规划课题的分课题"基于标准的学科教学任务"获得总课题组批准立项。2009 年 1 月起开始设计新课题。2009 年 4 月,以顾泠沅、吕达为组长,吕型伟为总顾问的教育部全国教科"十一五"规划重点课题"有效的学校:

---

[1] 摘自校级课题"课堂教学综合改革研究方案",2009 年 9 月 21 日。

课程发展和教师成长"的分课题"基于标准的学科教学任务"获得总课题组立项[①]。在课堂教改方面设计的主要操作是：学生采取围坐式，课桌椅拼成马蹄形，以"异组同质、同组异质"为原则让每5—6个学生组成学习小组，以前后两块大黑板、多媒体投影仪为信息表征技术，教师通过分工合作研制导学案，组织教师开展课例研究，同时开展作业管理研究。[②] 物理、化学、生物、政治、历史、地理六门学科参加教改。显然，课堂教改的操作变量大大增多了。

其四，市教委"普通高中学生创新素质培养"课题的项目学校课题"课堂教学综合改革研究"。2010年9月，市东中学因"课堂教学综合改革研究"的课题方案获批成为上海市教委"普通高中学生创新素质培养"课题的全市25所项目学校之一。课堂教改的操作设计，聚焦改进学生学习方式，以导学案设计、作业设计与管理以及自主、合作、探究的新课堂模式探索为重点，并在课标的校本实施以及基于标准的教学设计、作业设计、命题设计、质量分析等方面，既深化课堂教改，又开展学科常规方面的配套改革。2010年9月起，高中、初中两个起始年级共14个班级，涉及十门学科，区分两种教改类别，全部参加课题实践研究。2010年9月起，我以云南省教育厅人事处特聘首席专家的身份参与云南省现代教育示范学校建设工程，具体负责怒江傈僳族自治州以民族中学等为基地的十余所中学开展"高效课堂"等项目的专业引领和入户指导工作，历时两年多。民族中学、泸水中学等学校经过校内决策程序，启动课堂教改等项目，深化课程改革，开展校本研修，取得了多方面的综合效益。这些各方交互的新鲜思想，成为市东办学思想的"一股清流"。

其五，学校"自主、合作、探究的新课堂模式研究"列为杨浦区教科规划重点课题。2012年2月，"自主、合作、探究的新课堂模式研究"获得杨浦区教科规划重点课题立项后，立即开展文献资料研究、课堂教学评价研究、导学案的设计研究，以"一课三单"为特点的作业管理研究（导学单、检测单、复习单），以自主、合

[①] 本课题是全国教科"十一五"规划重点课题"有效的学校：课程发展和教师成长"的项目学校分课题。总课题组顾问吕伟伟，组长顾泠沅、吕达。上海市市东中学承担的项目学校分课题名称是"基于标准的学科教学任务"，主持人是市东中学校长金辉，课题组主要成员有赵亦兰、吴巍、李黎、徐隽、郑卫星、钱栋英、周樱、王晟、郑东刚、陈红、李昂、金敏、张宇舒、杨悦蓓、戴淑范、叶薇、赵琴、陈冬梅、施晓春、陈奇、高莺、史俊等人。

[②] 摘自金辉《聚精会神深化课堂研究，一心一意谋求学科建设——基于标准的学科教学任务课题研究总报告》，2012年5月。

作、探究为主题的新课堂模式研究,开展课例研究经验总结等。至2012年底,以"学案导学、一课三单"为特征的新课堂模式基本形成。

"精心耕耘一块田"

持续不断的研究与实践,渐渐让我们的教师形成了具有目标指向的行动指引:

按照"人是主体"的哲学思想,学生是学习和成长的主体。但是在现实性上,学生是不是真正的学习主体,却取决于教师"主导"下师生共同创造的每一天的教育生活。学校中最基本、最频繁、最重要的集体教育活动即课堂生活,其最具典型性中式教学特征的,恰恰是"老师讲,学生听"和"老师问,学生答"。在这样的教育生活中,是难以真正培养学生形成主体性学术人格和主体性道德人格的,更遑论培养创新型学生或人才。

按照学习论揭示的学习规律,学习,是学习者在一定的内驱力作用下思维开启、已有认知结构与新知识发生整合(或赫尔巴特的"统觉",或杜威的"经验")、经过试错而形成正确认识的过程。但是在实际的课堂生活中,很多老师却满足于"讲过了"和"讲对了",学生止于"听过了",而对于学生的思维是否真正开启,学生在思维建构过程中生成了什么样的思维偏差,而且它们是否得到真实的暴露和有效的矫治,老师却表现为缺乏意识、缺少办法、甚至无暇顾及。

按照教育学揭示的教育原理,"五育"是不可分割的统一整体,教学的本质在于促进学生在认知、社会、心理诸方面和谐发展。但是,受应试机制影响,在现实的课堂生活中,认知性教育目标相对"放大"和"越位",社会性、心理性教育目标相对"缩小"和"缺位",导致教育目标在整体上被人为割裂。因此,把课堂还给学生,让教学回归本质,成为包括课堂在内的教学改革的重大课题。

哲学视角、教育视角、思维视角……都让我们进一步明确了学生被动型、接受型、服从型学习方式(果)与微观教学结构(因)之间存在因果关系。而且这个微观教学结构包括三个子结构,即师生关系结构、教学环节及其过程结构(或称教学过程结构)和由观念、规制和师生行为构成的多种形态的文化结构(或称文化形态结构),且相互之间存在共生关系。

我们还明确了教师的指导性观点,即:培养学生具有独立思维品质和自主学习能力比使其具有依附性思维品质和模仿学习能力,更能促进学生的创新人格建构。还有,合作学习模式更加符合教学的本质,有利于学生在认知、社会、心理等多元教育目标方面实现综合协调发展。再有,以问题为中心的探究学习模式更加符合科学的本质,有利于学生在概念和事实性知识、方法和过程性知识、伦理和价值性知识等多元教育目标方面实现协调发展。

最终,"实践"的生成性观点就有了深入人心的力量。一系列全新的教学方式,就成了教师课堂的常态:"学案导学、先学后教"促进了学生的独立思维品质和自主学习能力的提升;"分组围坐、合作学习"改变了学生的认知学习和人格建构,并形成积极的学习心理;"问题探究、互动教学"大幅度提升了学生的思维品质,改善了师生关系和学生间关系,并因互动频度增加而发展学生的语言表现力;"少讲精讲、有所不讲"的教学策略,彰显了学生主体地位和自主精神;"讲练结合、当堂检测"的教师策略,有利于学生的思维暴露和矫治、形成积极的心理预期、保持有意注意,确保和提升了基本教学质量。

"收成很不错"

若干人、若干学科和若干年的孜孜以求,最终成就了全体市东人的"二段五步教学法""武艺"。它适合普通中学的教师和学生,适合普通中学师生的课堂教学,适合普通中学的学术性学科(或课程)的课堂教学,适合学术性学科和课程实施过程中的新授课型。就这样,《创智课堂的探索和经验——上海市市东中学"二段五步教学法"的新课堂模式》逐渐成型。所谓"二段",指的是课内、课外这两段;"五步",从学生学习视角看,第一步是课外复习预习,第二步是课内的预习成果展示和问题呈现,第三步是认真听取老师的精讲,第四步是问题探究和合作学习,第五步是当堂练习和检测。

与之相适应的规章制度《上海市市东中学关于深化课堂教学改革指导纲要》[1]等文件相继出台;国家级重点课题的分课题"基于标准的学科教学任务"课题报告集完成(注:该课题成果已于2013年荣获杨浦区教育科研成果一等奖);《上海市市东中学教师课例报告集》成为人们津津乐道的教研话题(注:包括市级公开发表的约20多个课例报告和区级及以下交流的20多个课例报告);参加中国教师教学研究会主办的"第六届全国教师教学设计创意大赛",荣获3个一等奖、7个二等奖、12个三等奖,教导主任钱栋英荣获"全国教学设计创意带

---

[1] 《上海市市东中学关于深化课堂教学改革指导纲要》(校长室〔2013〕3号),上海市市东中学校长室、上海市市东中学"课堂教学综合改革"课题组,执笔人金辉、赵亦兰、李黎、徐隽、李群,由金辉负责审稿、统稿和定稿,2013年2月26日。

头人"称号;市东中学荣获"优秀组织奖"……

2011年4月28日和5月12日,分初中和高中两个专场,在杨浦全区范围内进行新课堂的公开展示教学活动,赢得了普遍赞誉。

最重要的是,"二段五步教学法"促进了学生学习方式的改进和转型,"大部分学生的主动学习能力得到明显提高。新课改实施后,学生在语言表达、书写规范、同伴合作、思维拓展等方面较以前传统教学模式下的学生有了明显的改善和提高。"①

"课堂转型,给学生的学习表现带来了一系列可以观察的、可以检验的积极变化。第一,过去,学生在课前只是做老师布置的、与以往已学内容有关的、以习题为主要形式的回家作业;现在,预习(包括阅读教科书、学习导学案、做预习作业、提出理解性问题等)已成为回家作业的重要构成部分。第二,过去,学习越来越成为基于个人主义利益的竞争性活动,同伴之间缺乏合作,师生之间缺乏对话,课堂之中缺乏互动;现在,学习活动的社会学本质获得了伸张,课堂中合作学习、互动学习、对话学习的教学方式得到了强化。第三,过去,学生对于将要学习的新知识缺乏准备,换言之,学生没有带着准备和问题走进课堂,教师的预设轨道没有为学生主动提问提供空间,所有的问题、答案、标准先于教学活动而存在,由教师一手预设,且不允许学生越雷池一步;现在,学生可以带着问题走进课堂,在课堂情境中围绕问题开展互动和对话,并且,学生也可能带着更加深刻、更加实际、更富意义的问题走出课堂。"②

"二段五步教学法"促进了师生关系结构、教学过程结构、文化形态结构的改进和转型。

师生关系趋于民主化,学生学习的主体性得到"张扬",现在,评价课堂教学有效性的价值尺度发生了巨变,我们以是否"张扬"学生学习的主体性作为教师主导作用的价值尺度和评判标准。

以"课后作业—听课—课后作业"为行为特征的传统学程结构和以"备课—

---

① 摘自王晟,附件1:《市东中学的课堂教改和初步经验》,2012年5月12日。是全国教科"十一五"规划重点课题"有效的学校:课程发展和教师成长"项目学校分课题"基于标准的学科教学任务"的课题研究总报告《聚精会神深化课堂研究,一心一意谋求学科建设——基于标准的学科教学任务课题研究总报告》(2012年5月)的附件1。

② 摘自全国教科"十一五"规划重点课题"有效的学校:课程发展和教师成长"项目学校分课题"基于标准的学科教学任务"的课题研究总报告《聚精会神深化课堂研究,一心一意谋求学科建设——基于标准的学科教学任务课题研究总报告》(2012年5月)。

讲课—布置课后作业"为行为特征的教程结构都被打破了,代之以"学案导学、一课三单"为操作特色的,以"二段五步教学法"为过程特征的新的教学结构。

以观念更新为先导、以微观制度创新为关键、以师生新行为习惯的稳定生成为归宿的课堂教学文化形态结构的转型和进步,取得了积极的进展,巩固、拓展和深化教改实践探索必将成为下一阶段推进课堂教改的重要使命。

"二段五步教学法"使学校的基本教学质量稳定提升,一批骨干、优秀教师茁壮成长。市东中学在双休日、节假日、寒暑假不补课,执行市教委关于周课时总量的控制标准,执行市教委规定的教学计划,开齐开足各类规定的课程。保持和提高基本教学质量,一靠学科常规,二靠课堂教改。近年来,市东中学在规范办学的前提下,坚持走教改之路,市东初中的中考成绩和市东高中的高考成绩在稳定中逐步提高。

教师成长,更是让市东的面貌焕然一新。包括课堂教改在内的教学改革,不仅是提升教学质量内涵的必由之路,也是促进教师专业持续发展的最佳实践平台。学科建设和学科常规更加精致,校本教研和课例研究渐成风气。2008年以来,共有14名教师顺利晋升高级教师,全校高级教师占比从2008年的19%提高到25%,其中高中的高级教师占比已达到35%。先后有张宇舒、谢嚜喋、陈媛、浦静滢、郑东刚、王晟、李昂、陈红、杨悦蓓、戴淑范等10名教师获评"杨浦区骨干教师"。先后有吴巍、徐隽、陈媛等3人获评"杨浦区学科带头人",其中,吴巍于2011年获评"上海市特级教师"。这期间,先后有杨悦蓓(物理)、吴巍(生命科学)、杨威(语文)等3位教师在全国性的课堂教学评比中荣获一等奖。

"二段五步教学法"在本质上,是在介于"高层理论"和"原始经验"之间的广阔中间地带进行的初步的、有效的实践经验创新。"二段五步教学法"是可操作、可观察、可检测的,也初步形成了操作要点和操作规范,还表现出有效的作用和效果,因而具有可推广的价值。

秉承吕老的教育思想和探索精神,我们的探索"有如神助",取得了丰硕的成果。然而,"二段五步教学法"的每一"步",仍然是"万里长征第一步",我们一同回顾这段短暂的市东历史,意在期待更多的同仁,在教改的道路上永远不忘探索、永不停止迈步!

(金辉,第十五任校长,任期:2007—2016年)

第三节 守学校传统之正，创实践智慧之新

【人物简介】

陈爱平，上海市教育委员会教材和语言文字管理处处长。长期从事语文教学和教育行政管理等工作，上海市语文特级教师，历任杨浦高级中学副校长、杨浦区教育局副局长、控江中学党总支书记和副校长、市东中学校长、市教委基教处调研员等。

【背景介绍】

在我近四十年的工作经历中，市东中学应该是我工作时间最短的一个单位，同时也是我非常难忘的工作单位。不仅是因为身为一校之长，我深切感受到了基层学校办学的不易，更是因为组织的安排，把我带到了百年校庆后的市东发展的新起点上。2016年，市东中学开启第二个百年办学的征程。履新之初，我徜徉在学校百年建筑的宽阔走廊上，两面墙壁上的老照片，不断把我推向对学校办学历史的回溯中，特别是对吕型伟先生教育思想的学习和感悟。尽管未曾有幸在先生身边工作和学习，但对先生敬仰从未断过。我清晰地记得，从杨浦高级中学转岗到杨浦区教育局后，工作内容发生较大变化，尽管很忙乱，我还是给自己定了读书计划，首先通读的就是《吕型伟教育文集》，先生对教育朴素务实而有眼光和勇气的洞见，深刻影响了我。作为校长，站在新百年的起跑线上，我必须和全校师生一起，思考学校未来发展的生长点，寻找学校高质量办学的抓手。于是就有了"守学校传统之正，创实践智慧之新"的办学规划，也成功申报了上海市特色高中创建项目。这些工作，都与学校创办者、历任领导和所有师生员工的努力分不开，而吕型伟先生的教育实践和教育思想更是凝聚人心、提振精神、催人奋进的巨大引擎，永远推动学校发展。

守学校传统之正,创实践智慧之新

市东中学,有着关注学生创新素养培育的办学传统。这所已经有百年办学历史的学校,始终把手脑并用、知行合一作为重要教育策略,解放后第二任校长吕型伟先生用"课内抓基础,课外搞特长"的清晰思路,不断提升教育质量。当年的市东中学,有自己的农场、工厂、车间、作坊、车队和实验室等,为学生学习实践搭设丰富的平台,培养了一批批具有创新精神和实践能力的优秀学生。近十多年来,上海基础教育把探索学生创新素养培育作为重要课题,考虑到高中学生处在创新素养培育的关键时期,以集群式研究的方式,把有基础、有志向研究该课题的学校组织起来,形成了高中学校学生创新素养培育实践研究的众多试点学校。这个项目既研究一些具有共性的难点问题,又鼓励学校根据自己的基础做个性化研究。类似的探索也在其他学段进行。回看这些产生了较大影响的教育研究,应该说,至少在办学理念上带给学校的影响还是很大,唤醒了教育回归学生发展的意识。

所以说,创新素养培育不是横空出世的时尚概念,它在回应时代发展需求的同时,也很好地继承与发展了基础教育百年来的努力探索。

一、顺应时代,拥抱未来

时代发展到日新月异、迭代频现的数字化、智能化的今天,几乎没有人会质疑创新对社会发展的推动力。创新关键在人,对创新人才的呼唤直指教育。学校教育需要审视创新对人才培养的需求,必然要在科学技术进步的时代背景下,全面研究创新人才的特质,以期探索实现人才培养目标的路径。基础教育自然就承担了创新人才培育的奠基性工作,力求培育能够陪伴学生终身发展的创新素养。科技、教育和人才"三位一体"的融合发展,在今天看来,即使就青少年学生发展而言,也是基础性、战略性支撑。

值得警醒的是,当创新素养几乎成为教育界内外耳熟能详的一个说法时,脱口而出的语言表达有时会麻痹思维对概念背后内涵的深究与辨析。从恢宏的教育发展史看,就市东中学跨越百年的办学历史而言,创新素养从来都不是横空出世的时尚概念,也不是曲高和寡的阳春白雪,更不是有名无实的热闹炒作,它承继教育历史,面向全体学生,不断寻找新的教育载体和方式,是一个充满生长性的教育目标,也是充满时代性的教育命题。

二、培根沃土,拓展空间

不可否认,中小学生创新素养培育在当下依然是一个充满困扰问题的目标。诸多现象表明,各种自觉或不自觉地遏制学生创新素养培育的情况屡见不鲜。原因之复杂自不待言。我们一方面要看到许多教育现象背后社会文化对创新人才尚存羁绊制约,另一方面还要认识到基础教育从来没有停止过对学生创新素养培育的诸多努力。换言之,尽管整个社会还没有真正形成鼓励创新、呵护创新的文化,基础教育始终不能放弃对有利于学生未来发展目标的守护。此乃教育之使命。

在这条光明而又充满荆棘的探索之路上,许多困扰往往也来自于对创新素养培育理解上的误区,来自于可能存在的对创新素养概念的窄化或泛化现象。窄化表现在,把创新素养与创造能力等同,认为一定要有创造发明才能称之为有创新素养,拔高难度使人望而却步;泛化表现为,把创新素养与创新人才等同,似乎只要有创新素养就是创新人才,外延扩展难免引发一蹴而就的浮躁心态。创新素养既不是那么遥不可及,又不会如此唾手可得。不妨回到核心素养概念的领会上。作为"适应未来发展的正确价值观、必备品格和关键能力",核心素养面向每一个学生,指向每一个学生的未来,创新素养也不例外。中小学教育目标就是要培养德智体美劳全面发展的社会主义建设者和接班人。每一个有理想、有担当、有本领的时代新人都需要具备基本的创新素养。姑且不论一些有显性创意特征的工作岗位,即使一个普通劳动者,其职业生涯也需要创意,厨师烹饪要有创意,花匠绿化也要有创意;一个人的生命是工作与生活的和谐统一,生活中更需要用创意点燃兴趣、情趣和乐趣,用亲自动手的实践装点五彩生活。创意无处不在,创新就在身边。所以,给创新以正名,给探索以宽容,才能让中小学校创新素养培育、创新人才培养的理念建设、环境建设、基础建设,成为人才培养"金字塔"及其创新本身之厚实宽广的底座。

三、时不我待,勇于实验

在创新素养培育的探索之途上走得越深入,就越体会到,创新文化尚未完全形成，基础教育所承担的奠基性使命就是要敢于"减负开闸"，放更多的孩子到更大空间自由成长。同时，如何能够不使其成为空话、套话、大话，则是每一个教育工作者更要共同面对的专业难题。还是要对学生创新素养多做一些有学段特点的要素分解研究，这样可以更好支撑学校具体的教育实践。汇聚各种相关资料，可以看到不同要素的划分与解析，在一定程度上可以见仁见智多元解读。作为一个且研且行的探索性工作，有更多个性化的解读，是值得欣慰的事情，基础教育应该有更多面对同一个目标但路径不同的探索。学生发展核心素养中的"实践创新"从"劳动意识""问题解决"和"技术运用"等维度架构了实践创新的基本要素，这是更侧重于学生动手实践能力的要素解读。杨浦区作为上海市基础教育创新试验区，从2009年开始，依托高校资源，面向全体培育学生创新素养，经过多年研究与实践，逐渐明确了以创新基础、创新人格和创新能力为基本要素的提炼。我们在学校教育实践中体会到，任何创新都需要以必备的学养为基础，中小学生尤是，脱离学养基础的创新可能会演变成无本之木的"悲剧"。勇于探索、不怕失败、善于合作等为特征的心理品质是学生创新人格的基石，把探究与成功简单画等号的学习往往会造出一步登天的"闹剧"。手脑并用，用手又用脑，注重学生思维能力培养，使之与实践能力共同成为创新能力重要组成部分，方是创新素养培育的"正剧"。

  创新素养培育有"杨浦实践"，更要有"市东实验"。在今天以学制贯通实验为教育改革载体的市东中学，面对从小学到高中十二年学制办学探索，更有条件，也更需要特别关注学生创新素养培育。从学校百年历史汲取经验，形成具有学校个性的"实践智慧"特色定位。所谓"实践智慧"，哲学层面指人对世界实践性的认知、理解与运用，联结了"该做什么"和"该如何做"的伦理关切与追问；学校教育层面，则具体指在真实情境中灵活运用多学科知识有效解决实际问题的能力与心理倾向，具体表征为兴趣驱动、实践体验、问题探究、智慧建构的综合能力呈现。实践出智慧，智慧促实践。学校倡导"人人有才，人无全才，扬长容短，人人成才"，这是对吕型伟先生"人人有才，人无全才，扬长避短，人人成才"学生观的继承与发展。从"扬长避短"到"扬长容短"，一字之改，体现了学校当下对学生成才观的价值取向，通过创新文化小环境的营造，鼓励学生张扬个性，发展兴趣，养育学生悦纳自己、宽容他人的心态。学校着力构建体现"实践智慧"的特色课程群，为学生建设更加丰富的学习体验平台；提倡合作学习，重点帮助学生在讨论中学会倾听,更好分享。上述每一方面的努力,都力图使学生创新素养培育有目标、有特色、有载体、有途径、有评价,变成实实在在的学校教育课程。

所谓慢工出细活,教育亦然。学生创新学养、品格和能力需要在长时间的学习实践中涵泳融会,文火慢炖,相互渗透,浑然一体,沉淀为终身受用的滋养。守学校传统之正,创实践智慧之新,助力市东学子未来发展。任何希望通过热火朝天的活动带来天翻地覆变化的想法与做法都会使已然正确的目标偏离,甚至背道而驰。这是作为教育工作者,特别是一校之长应该谨记的。

(陈爱平,第十六任校长,任期:2016—2017年)

第四节　弘扬吕型伟教育思想，培育未来城市主人

【人物简介】

沈洪，现任上海市市东实验学校（上海市市东中学）校长，上海市特级教师，特级校长，正高级教师。上海师范大学兼职教授，上海体育学院客座教授，硕士研究生导师。任上海市体育学科德育实训基地、上海市"双名工程"攻关计划基地主持人，杨浦区体育名师工作室主持人。曾主持多项上海市级课题，撰写并出版数十种学术论文、著作，其中"上海市高中专项化体育课程改革的理论与实践研究"课题获评教育部全国学校体育教学、训练、竞赛及条件保障体系建设优秀改革成果并推广；《中小学体育课程的德育理论与实践研究》一书，获上海市基础教育教学成果奖二等奖。

【背景介绍】

上海市市东实验学校（上海市市东中学）居于国际大都市上海，又处在最具城市样态的杨浦滨江商务区内。在这个承前启后的时代里，学校的定位与发展方向，成了几代市东人始终关注的话题，因此，我们必须向关心市东发展的人们，交一份合格的答卷。学校根据上海建设创新之城、人文之城、生态之城和人民城市的要求以及未来城市的特征，继承吕老的育人理念和课程思想，以课程学习和项目实践为切入，引领学生认知感知城市、体验参与城市、研究建设未来城市，培养具备和谐理念、服务品格、实践智慧的面向未来的城市主人。

弘扬吕型伟教育思想，培育未来城市主人

谈到我国基础教育，有一个绕不过去的人物就是吕型伟（以下简称吕老）。吕老被人们誉为我国基础教育的"活化石"。他亲历了新中国成立初期至 21 世纪前期的教育，参与了新中国基础教育改革与发展的全过程，不仅在国家决策咨询中发挥了重要作用，还形成了独树一帜的教育思想和基本理论。

1950 年至 1959 年吕型伟在市东中学担任校长，在任期间他大胆改革、锐意进取，许多理念和举措至今仍影响着学校办学。

吕老是在新中国成立初期临危受命来市东担任校长的。当时国家百废待兴，吕老十分心系新中国建设，他将市东把劳动工人子女培养成才的办学初衷和理念，正式确立为学校的办学宗旨，明确提出了"把劳动人民子女培养成国家栋梁"，他认为"教育工作的根本任务是培养人才"，服务于国家发展、社会发展、城区发展。这一办学宗旨一直延续至今，并引领着市东坚守城市孕育着学校、学校滋养着城市的价值追求，把学校办学方向与杨浦发展、上海发展、中国发展紧密联系在一起，根据不同时期城市发展需要培养人才。

正是在这一过程中，市东逐渐凝练出了市政教育的办学特色。近年来，学校顺应上海建设具有世界影响力的社会主义现代化国际大都市的需要，积极以"市政教育：培养面向未来的城市主人"为主题创建上海市特色普通高中，在办学过程中根据国家普通高中培养目标，立足学校百年历史积淀和市政实践传统，依托杨浦区"百年市政文明"的资源优势，以"人民城市人民建，人民城市为人民"重要理念为价值引领，通过对城市发展建设相关内容的结构化和课程化再造以及以课程教学为核心的学校教育实践，最终促进学生具备城市主人和现代公民良好素养，实现学校高质量发展。

未来上海这座城市会是什么样呢？未来的上海是更具活力的繁荣创新之城，未来的上海是更富魅力的幸福人文之城，未来的上海是更可持续的韧性生态之城，未来的上海也是共建共治共享的人民之城。

学校根据上海建设创新之城、人文之城、生态之城和人民城市的要求以及未来城市的特征，聚焦城市人文、城市科技、城市生态、城市生活四个领域，借助课程学习和项目实践，引领学生认知感知城市、体验参与城市、研究建设未来城

市,培养具备和谐理念、服务品格、实践智慧的面向未来的城市主人。

为了更好地开展市政教育、培养未来城市主人,学校围绕育人目标,结合"双新"改革要求,进一步梳理了国家课程与校本课程的关系,以"同中显特、特中有同"的思路,在高质量落实国家课程的同时将特色课程系统整合纳入国家课程中,搭建与国家课程联动互补的跨学科特色课程体系,构建富有市东特色的十二年一贯综合实践活动和劳动教育课程体系,实现全员、全程、全方位育人。

学校以长期既有的"二段五步教学法"为基础,进一步结合"双新"改革要求,融入市政特色元素,打造了"五实"课堂,促进课堂教学转型与学习方式变革:"引实例"将基于学科的城市真实问题作为切入点,并把真实复杂的情境改编成结构化的学习任务,"重实践"组织学生以合作探究的学习方式,"探实理"在学习过程中发现知识的关联并学会自主建构,进而"讲实用"尝试解决问题、学以致用,"求实效"实现思维的生长和核心素养的培育。"五实"课堂是演绎以学习为中心、以素养为价值取向的课堂教学理念的重要平台,也是将"双新"改革具象化和校本化、自然渗透市政特色的重要载体。"五实"课堂教学模式要求从整体着眼,超越单一的知识和技能而从学科核心素养出发,展示"学生怎么学会"的过程,关注知识的习得、运用与迁移,重视知识的联系与整合,以及在真实情境中解决问题的能力,以便学生自主建构经验和知识,逐步养成关键能力、必备品格与价值观念。

对于怎样把劳动人民子女培养成国家栋梁,吕老给出的答案是"课内抓基础,课外搞特长"。当时的市东中学,有自己的农场、车间、作坊、车队、实验室等,因陋就简、因地制宜。当时称作"第二课堂"(即课外教育)。吕老把课外活动搞得轰轰烈烈,并为它起了一个名字:最活跃的教学因素。学生在丰富的课外活动中增长知识,动手实践,培养兴趣,形成属于自己的特长。吕老认为,这样才是培养人才的好途径,做到了"人人有才,人无全才,扬长避短,人人成才"。

"两个课堂并举"的理念在市东一直传承着,特别是近几年基于市政教育的办学特色,学校打通了校内和校外,走立足校园、面向社会的开放式办学之路。在校内,建立了市政教育研究中心,对校园空间合理规划,既打造了两个校内市政教育实践基地,内设市政环境空气检测、直升机应急救援、智慧医疗、零碳世界等创新实验室,又充分开发现有校园空间功能,构建市政教育生态圈,如数字孪生城市、智慧交通绿波带等,为市政特色课程创设多元且真实的学习场景,让学生直面城市中的问题,进行项目研究,提供解决方案。与此同时,在校外,以学校为中心，3公里为半径，与街道、周边高校及企事业单位等开展合作，打造"3公里市政教育圈"，建立社区市政教育教学基地，学生定期前往进行课程学习、实践研究、志愿服务。依托"3公里市政教育圈"，学校已经开发实施一批"行走课程"，如"红色滨江　且行且说"课程是学校与平凉社区滨江联合党委联合打造的，同时与杨浦区文旅中心携手打造了首支中学生杨浦滨江红色旅游志愿讲解队，让同学们在行走滨江的同时，走进滨江百年的红色历史，成为红色历史的小小讲解员，厚植家国情怀，勇担时代使命。

在吕老诞辰105周年之际，市东将进一步继承和弘扬吕老的教育教学思想，开展系统研究与应用，在吕型伟教育思想专业委员会指导下，成立吕型伟书院，作为校长培训和教师培训的重要基地，让吕老的教育教学思想为校长成长和教师成长提供源源不竭的动力。

（沈洪，第十七任校长，任期：2018年至今）

第八章
"吕老一直在身边"：海派教育人访谈

  吕型伟之于市东中学、之于上海教育的影响，绵延流长。他不仅是"海派教育"的重要代表，也引领着上海乃至当代基础教育的前进方向。凡是接触吕老、熟悉吕老的人，无不深深折服于并深切感念他崇高的人格、渊博的学识、高瞻远瞩的视野。为此，我们拜访了曾在吕型伟身边一起学习工作过的前辈，他们都曾在吕老领导下工作过，也曾得到过吕老的悉心培养和指导，听听他们对吕型伟的追忆，让我们从不同的侧面了解一代教育家的风范。

袁采：服务的品格，实践的智慧

（袁采，上海市教育局原局长）

【问】您跟吕老的接触始于何时，那个时候他给您的初始印象是什么？

【答】我是1984年当副局长，1986年当正局长，一直到1995年成立教委离开的，这一段正好就是中国教育学会在上海开邓小平"三个面向"10周年的座谈会，同时，6个部委发通知在上海开中小学爱国主义教育现场会。三十几个省（自治区、直辖市）一起到上海来开，跟市里面商量以后，就分学校8条线参观，市东是其中一条。看完以后，大家都说好。当时（跟吕老一起）是对这8所学校一所一所地实地去走一遍的。怎么走？从公交车下来到校门口，然后我就想，如果代表团来了，进校门怎么进？我就沿着（预定）路线一路走，然后到什么地方是参观，到什么地方是开座谈会，到什么地方是听课……全部过一遍。在这过程当中发现问题立刻提出来，然后想办法解决，8个学校全走了一圈，都是从校门口开始走，我们要看一看每个地方有没有任何的环节出问题。所以才完美。所以那个时候，吕老给我的印象就是极其认真负责和务实。

这个爱国主义教育现场会也讲了德育，吕型伟的文章里边有很多这方面的内容，也很务实。比如总结我们上海经验就八个字——"就地取材，讲求实效"。就是我们不是用钱堆出来的，我们也不是口号式的，而是实实在在把我们身边的所有的爱国主义教育的资源，作为我们的教学教材的内容，作为我们让孩子体验的内容，这样呢，小孩子在这个过程当中就发现了道理，发现了真（的爱国）感情，其实爱国主义教育离我们并不遥远，就在我们身边。所以说这种务实的、实事求是的表达方式很管用，效果也更好。

【问】一个很了不起的人，即便在早期，也往往会表现出他异于常人的特质，您觉得他有哪些独特的地方？

【答】还是务实，也叫讲求实效。有了这个理念，有了这个思想，而且是一以贯之的，那么他的形象就立起来了，就（有了）很了不起的特质了。比如关于考核一个学生的德育、爱国主义教育成效，怎么体现在他的灵魂里边？柳斌（时任国家教委副主任）跟我讲了一个事，那天他在市二中学听一个学生的发言，他说我真的感受到这个孩子是到心里了,已经放在心里了。所以那个时候我们有一个考核指标不宣传,但是实际上我每次都要问的,到高三有几个学生入党。当时这个爱国主义教育确实是很有实效。(这些,一开始都是源于)市东的历史,就要很好地追溯(和继承),然后把学生的整个成长过程和吕型伟他一开始在市东的实践以及他的期望衔接起来。

吕型伟的思想不是孤立的,永远是与时代的节奏紧密地结合,紧跟形势,服务大局。他耳听四方眼观八路,他的视野非常宽,所以他想问题都想得很远的。那么在这样的思想指导下,市东作为一所学校,在这样大环境下怎么逐步发展?所以这本书还是要扎根市东中学,在这个(写)的过程当中,很清晰的脉络,就是吕型伟教育思想哺育下的市东中学健康成长,然后从这个地方他的教育思想也慢慢成型,那就是主线。吕型伟的教育思想逐步成长完善发展的过程本身,也是市东中学逐步健康成长发展的过程。

【问】从您的视角看,吕老的市东实践,和他一生的教育贡献以及他对上海的教育贡献,有什么关联?

【答】吕型伟他对市东影响的重要一点是他有7年的亲身管理的实践。一定意义上来讲,他是创世的。从国民党手上接管以后,市东也伴随着共和国的成长而成长。这个成长过程里边的起步,是由吕型伟指导的,是一个良好的开端。共和国成长,市东也在成长,到今天这么好的环境,在这个过程中,吕型伟的思想,他的关怀、他的关注、他的重视、他的理论、他的理念,时时刻刻影响着市东的发展。

(我们)讲那段历史,不是简单地叙述历史,而是要在这里边理一条线出来,这条线说通俗一点,就是吕老的初心。因为这7年,吕老他是从做小学老师走过来的,他真正踏入中学,是指新中国成立以后的中学,这是第一所。他的很多教育理念、教育思想,包括他具体的实践管理,他把市东中学作为一个探索的起步、一个试验田。

吕型伟对知行统一这一点是强调得不得了,他这个人是非常实事求是、非常务实的。我们现在讲的很多口号吕型伟都讲过,但是他讲得比这个口号要通俗得多。比如说他支持推动上海的课程改革,到北京去要求高考的课改自主权也是他。改革的每一步、发展的每一步,里边渗透的是上海教育改革的思想。然后在上海的教育教学改革的思想里边,有很多是跟吕型伟的思想结合在一起的。这里有一个上海改革的步骤，比如说，1983 年邓小平"三个面向"提出来以后，1984 年以后，上海的教育改革、课程改革也就在那个时候慢慢起步了。

【问】作为曾经的上海教育掌舵人，您对今天的青年教师有什么希望？

【答】我们一大批 35 岁上下的年轻教师，第一应该领先推进课程改进，推进社会实践，因为我们感觉对于未来，对于新时代下的这些孩子，是要提炼整个核心素养，是要有一个和谐的发展理念，这样的思想，这也是吕老他提出的。

第二就是要有服务的品格，就是要有家国情怀，要有为他人服务的精神，要在服务当中来进一步地提升自己，提升服务社会的能力。

第三就是吕老一直倡导的实践智慧，智学思并举，就是学的知识要用在未来的真实情境当中来解决问题，这样这个知识才有价值，就是等于知行合一。

尹后庆：吕老给了我系统性思维方式

（尹后庆，上海市教育委员会原副主任）

【问】生命与生命的深度交集，往往体现了相互影响与传承，请您说说您与吕老的交集好吗？

【答】我的工作经历比较简单，7年农场生活后重返校园，毕业后就进了政府机关，在市教育行政部门的普教处、办公室、基教办、督导室都工作了较长的时间，之后到浦东新区社会发展局干了4年，再回到上海市教委，直到退休。这34年的经历和感悟都告诉我，政府职能的一个重要的内容（或者说主要定位）是做好公共政策和制度的设计。之所以会形成这样认知，是与我工作之初就深刻影响我的老领导、著名的教育家吕型伟先生相关。我刚到机关的时候，几乎每周都会跟着吕老下基层做调研，有时候跑一趟郊区就是一星期。到基层做什么？吕老的任务很明确，一是和基层一起想办法解决问题，让教育改革举措"落地"；二是"照镜子"，从基层反映的现象中查找政策制定和行政决策中的问题，比如哪些是拨款不足造成的问题，哪些是人员编制问题，或者哪些是政策设计时被疏忽的漏洞。那时候调研的作风也非常务实，无须基层精心安排。有时就是以招待所为出发点确定好朝东或朝西走的路线，走访沿途所经过的所有学校；有时是指定某所学校实地调研，听"推门课"，看看教师们最平常、最经常的教学状态；有时还有专题调研，那就倾听从校长到具体操作人员的不同声音，一竿子到底切实找到问题的症结和有效的应对之策。

【问】看来您跟吕老的交集很深，那么说说他对您的思想方法和个人成长的影响如何？

【答】吕老调研有一个惯例，就是在他发表意见之前，每一个随行人员必须先充分表达自己的想法，这样，我在参与调研的时候，一点都不能开小差，既要学会倾听，又要迅速思辨，还要学习迅速抓得住问题的要害提出建设性意见。每一次发表想法之后，我再仔细对照吕老的讲话，看看哪些地方自己讲到了、哪些地方自己没有想到，而吕老为什么要这么说、为什么会这么想。这种在我工作之初养成的系统思考的习惯和透过现象看本质的思维方式对我日后工作产生了深远的影响。比如20多年之后,当我走进浦东新区社会发展局,面对一个站立改革潮头的大区域的时候,我已初步形成了对政府职能内涵的理解。以前我总认为,机关干部要会做大事也要肯做小事,而且绝不能轻视小事。因为任何大事都是由小事组成的。然而,经历了20多年的行政工作之后,我觉得,会做大事肯做小事是必需的,但大事和小事的关系绝不是小事叠加成为大事那么简单,就如同无数条小舢板连接在一起永远都不可能成为航空母舰。因此,整体观念、系统思维和设计思想,成为了我日后的基本工作方法。

【问】您长期主管上海基础教育,上海教育界也常常称您是"学者型官员",崇尚调查研究、解决问题注重系统把握,在这一点上,除了上面所述,吕老对您还有哪些影响?

【答】这从上海领先一步推进"均衡教育"说起吧。在我刚刚进市教育局工作的时候,主要联系农村教育,吕老常常带我下基层,有时候则我一个人出去。20世纪80年代初的郊区教育与今天相比,简直是天壤之别。记得有一次去青浦金泽的一所初中。我清晨4点出家门,换乘好几辆公交车于早上8点多来到这所地处上海、浙江、江苏交会处的农村初中。学校4个班级只有5位老师,一排平房四间教室、一间办公室。学校几乎没有设备,而且平房所有朝南的窗户都没有玻璃。原来当地农民认为"学校是国家的",因此村里的老百姓盖房子时窗户尺寸都参照学校尺寸大小,然后悄悄拿走了学校的玻璃安装在自家窗上。又因为在学校里读书的孩子大多是自家的小囡,所以只拆除学校朝南面的相对温暖一些的窗户的玻璃而留下了朝北的玻璃,据说是"舍不得孩子冻着"。还有,那个时候要去趟金山,不仅要花上一天的时间,而且还可能用上汽车、火车、自行车等各种交通工具。最有趣的是如果还要往"深"里走,如去金山的廊下,还曾乘坐当地"自主研发"的生产工具——水泥船,其实就是装上发动机的载粪船。这些都对我的内心产生过强烈的振荡,农村的办学条件和教学质量与市区学校的距离有那么大呀! 于是,在一次市教委办公会议前夕,我们动用有限但又是在当时数额不小的费用,组织起18支队伍,向振华出租公司租赁了18辆面包车,准备好拍摄录像的设备,悄悄开进了上海各区县进行"暗访",拍摄下各区县条件最为艰苦、办学最薄弱的学校现状,剪辑成20分钟的视频短片,专门提供给分管市领导。这个配有数据分析、有现场感、有实证案例解说的短片,具有强烈的视觉冲击力和说服力,打动了出席会议的所有领导,会议当即拍板投入数亿资金彻底解决农村学校问题。这样到20世纪90年代末期,全市郊县彻底消除了设点分散、管理粗放、师资薄弱的村小面貌。全市义务教育学校的设点布局和办学条件焕然一新,在跨入新世纪之际向上海老百姓递交了一份令人满意的答卷。

【问】我们知道,20世纪80年代上海基础教育界的解放思想浪潮,吕型伟是积极推动者,而您就是最近距离的亲历者、参与者与见证者,请您也谈谈这段历史吧。

【答】十一届三中全会之后,改革先从农村和经济领域开始。教育界虽然经历了整顿教育秩序和恢复高考工作,并且开始了拨乱反正的进程,但是,对基础教育的发展方向和目标认知却还停留在"努力恢复十七年(指1949年新中国成立至'文化大革命'初的1966年)"的水平上。教育工作的重点转移还只是从"政治运动"转为"提高质量",至于什么是质量,为什么要提高质量,则没有人考虑。那个时候,吕型伟是上海市教育局副局长,他曾经对这种"为教育而教育"的狭隘观念和封闭、凝固的状况发问:"十七年"教育就是理想教育了?教育恢复到"十七年"就能适应当今的社会需要了?这一发问,成为后来邓小平"三个面向"教育思想率先在上海掀起巨浪的主要动因之一。

1983年邓小平同志为北京景山学校的题词"教育要面向现代化,面向世界,面向未来",一开始并不是"石破天惊,震撼教育界"的,是当时的吕老敏锐觉察到,"三个面向"题词既是对教育适应党工作重点转移和全面进行社会主义现代化建设的指引,更是小平同志为我国长远的教育改革和发展指明了根本方向,提出了正确的战略方针和明确的任务。于是吕型伟同志迅速抓住"三个面向"题词发表的机会,全力推动上海教育界学习题词,解放思想,更新观念,进而推动教育的突破性改革。他曾经向当时教育部的主要负责人提出过深入学习、广泛宣传"三个面向"题词的建议,希望由此引发教育界的思想解放进而让教育也尽快融入历史性的变革大潮,但是没有得到领导积极的回应,被认为"只是领导人对一所学校校庆的题词"而已。显然这完全是没有远见卓识的判断。吕老通过组织上海基础教育界的各级领导干部和知名人士两次召开深入学习研讨"三个面向"的会议,形成了强烈的反响和广泛的共识,在教育界和全社会产生了浩大的声势。上海基础教育界真正的思想解放浪潮由此发端。上海有关"三个面向"研讨会的新闻后来被《人民日报》登载,成为该报首篇宣传报道学习、研讨邓小平"三个面向"题词的文章,这也使得上海这轮思想解放的浪潮影响到全国。

【问】这段历史,让人感奋。那么在您看来,它对日后上海教育的整体发展,有哪些深远影响?

【答】我经历了上海"一期课改"和"二期课改"的全过程。1988年开始的"一期课改",突破性地建立了以社会的需求、学科的体系、学生的发展为基点,以全面提高学生素质为核心的课程教材改革理论模型,构建了必修课程、选修课程、活动课程的三大板块课程结构。到了1998年,上海启动的"二期课改",更是敏锐地洞悉到国际教育的发展趋势。世纪之交,知识经济初见端倪,科学技术突飞猛进,国际竞争日趋激烈。在这样的背景下,创新的重要性日益凸显。为此,基础教育必须通过课程改革来改变人才培养模式。当时,美国、日本和一些欧洲国家都提出了教育改革的目标。英国在1999年开始了新一轮国家课程改革,日本在2002年实施新课程,美国在2000年颁布《不让一个孩子掉队法案》等。跨世纪培养什么样的人才,成为世界各国教育改革的重要探索命题。上海的"二期课改",正是顺应时代要求、合乎国际潮流的重要战略举措。当时作为基教办主任的我也参与其中。在这段时期里,我们非常关注对世界各国的课程改革的研究。比如,法国的"做中学"项目,让学生亲身体验科学探究、科学发现的整个过程,进而培养学生探究问题和解决问题的能力……可以这样说,始终跟踪世界教育发展和改革的前沿,坚持按照争创一流的高标准、高要求,发扬开拓创新的进取精神,建设一流基础教育,成为了上海教育改革始终不渝的基调。多年后,上海因为PISA测试令全球瞩目,即是上海坚持整体发展的重要成果。

【问】您如何评价作为教育家又兼教育官员的吕型伟同志?

【答】在吕老的教育言谈和论著中,我们看不到孤立地就教育论教育的现象,因为吕老始终倡导把教育置于社会发展的宏观背景下加以研究的科学方法,始终主张在宽广的现实背景和历史跨度中把握教育改革与发展的趋势和走向,始终追寻着教育服务于人的发展与社会发展相统一的目标的实现。作为长期从事教育宏观管理和宏观研究工作的领导者和研究者,吕老既能把握宏观大势,又对教育教学领域中的微观问题具有敏锐而别透的洞察力,博大而精细,恢宏而务实。从中我们感受到的是吕老的睿智、博学、坚韧和宽厚,感受到的是一个充满智慧的学者和领导者炉火纯青的学术造诣和领导艺术。

【问】 今天我们编著《吕型伟与市东中学》，请问您有什么建议？

【答】 吕型伟同志作为长期深耕上海教育并影响中国基础教育的标志性人物，代表了一个时代，也代表了"海派教育"的特质。这其中，包括了许多至今仍然享誉全国乃至海外的改革典型，比如愉快教育、成功教育、上海实验学校经验、青浦教改经验、大同中学课改经验等，就是在那个时候涌现和被创造出来的。今天看来，海派教育文化"前瞻和宽广、机敏和灵动"以及敢为人先、勇立潮头的精神特征，已经影响了一代代教育工作者的思维和行动。也为上海在20世纪90年代以后大发展的过程中，给基础教育争取了难得的历史机遇，之后也因此而尽占先机。因此，我希望通过《吕型伟与市东中学》一书，从一个视角反映海派教育、海派教育家群体的几个特征：引领风气之先、保持开阔视野、追求教育本源、致力务实致用等。谢谢你们！

孙元清：要在教师当中培养出一批领头人

（孙元清，上海市教委教研室原主任）

【问】吕型伟是一个伟大的教育家，是需要后来人注视和发掘的精神宝库，今天我们如何以崇敬之心纪念他？

【答】这个想法呢，我也是反复在想。首先，关于推出《吕型伟与市东中学》一书，（我觉得）是件好事。吕型伟他的一种爱国的情怀、教育的情结、最初的培育的种子就在这里。他的一颗爱国心，一（种）对教育的情结，也是在市东得到具体实践。

他17岁的那个时候就去做小学老师，（后来）他自己的方向就是师范，所以他对教育是一辈子的情结，但是（真正的）起步还是在市东，所以你们这个书名叫《吕型伟与市东中学》，很好啊。这不（仅仅）是一个工作经历，这是他的一生的起步阶段，是初心，他的种子在市东的土壤里发芽生根，所以他即便到了市教育局后，还一直关注、重视（市东中学），就是这个原因。因为他认为在市东他做了一件正确的事情，是播下（教育理想的）种子，他希望市东能够成长得更好。所以我想谈一些，补充一下，我讲一个观点，写吕老不是写他的一生，也不是写他的每一件事，以及对他的评价，而是要抓住他的典型的、有价值的那部分，这样才是我们写的（意义所在），要写一些以小见大的、有影响的、有意义的、能够继承的东西。

还有一个我要强调一下，吕老他是1956年底1957年初离开市东中学的，他不是到别的地方去，他是在上海，是在上海市教育局，所以他跟市东不是割裂了，而是必然时刻影响着的。在上海这个更高的层面，上海市教育局，我介绍一下他是在干什么的，他当时的一些主要的工作都跟上海的教育改革发展相关的，那么你们就从中了解吕老对你们（市东）有哪些影响。他是第三任，我们上海市教育教研室成立在1949年，所以它是受我们国家形势的影响的。吕老是1956年到1959年（兼任），1959年之后，因为当时文化大跃进，所以不搞教材了，教材移到华东师大去了。1962年又恢复这个了，所以他又回来了，而且他曾到中央教育科学研究所当研究员去了。他的这段经历很关键，跟他后来的大视野,有很大关系。

他曾反复提出"允许落后,鼓励冒尖"的学生观。吕老后来的很多提法、思想是跟市东时候高度一致的,又跟形势的发展紧密联系在一起,他讲到"允许落后,鼓励冒尖",也是在一定的背景下讲的。他看问题很深刻的。他通过多年的实践观察,总结出来的想法、观点至今也是值得倡导的。

【问】那么您觉得,吕型伟作为一个大教育家,他对教育理论、教育思想的贡献是什么?

【答】吕型伟先生是一个大教育家,这个"大"大在哪里呢?是教育积淀。我认为他有长期的教育实践,他从17岁开始做一个人(全校只有他一个教职工)的校长和教师,既是校长又是教师,后来有多所中学任教(经历),所以他有实践经验,同时他又有一个战略的眼光,战略有方向性。他善于学习,善于观察,站在远处,站在高处来思考,研究教育本质的问题。那不是孤立的,这个才是大战略家、大教育家,他的观察、他的分析、他的研究都站在高处,站在远处。而且他善于比较,比较是一把很锋利的大刀,可以深刻地挖出事物的本质。他通过比较、解剖,通过总结看到事物的本质,看到事物的根源,看到未来发展的趋势。所以我们要学习发扬他的(精神的)话,一定要从他的大教育家的精神、他的风格、他的品德各方面来看待,才能够学到他的真本事,才能够发扬光大。比如说他提出来"教育是事业,其意义在于奉献。教育是科学,其价值在于求真。教育是艺术,其生命在于创新",就特别了不起。

【问】很长一段时间,上海的教育教学改革与创新,一直走在全国前列,在这方面,能否谈谈当时的情况,以及吕型伟的贡献?

【答】从1985年秋开始,经过教育部批准,采用了分类的教学技术,1987年我们又制定了中小学教学的管理办法,提高质量,减轻学生的学习负担,提出并实施了"五控一改"。"五控一改"我们主要有什么呢?要控制教学的课时,控制教学的要求,控制教学的进度,控制课外的作业,控制统考统筹。改革就是要改后台。

1986年国家教委制定了中小学教材建设的方针,就是说在统一基本教材要求下一纲多本。吕型伟跟我谈上海敢不敢干,上海接不接?我们上海要抓住这个机会,我说你的意见呢?他说上海不接没人接。所以我们(的课程)从幼儿园开始一直到高中全部推倒重来,这个魄力是很大的,然后通过市政府汇报给朱镕基市长,第一次办公会议,就批准上海课程教材改革,专门拨钱。那么这个一改以后又碰到一个问题了,高考怎么办? 我们的教材内容和高考内容不一致的,因为我们是自己的教材。所以我们从1986年开始,在吕老的多次争取下,经(教育部)批准,国家又给我们一个政策,就是上海的高考自主命题权,自主命题权我们上海1986年拿到,从1988年正式开始,是受教育部的委托,先一步执行一纲多本,并且被批准自己预定课程改革的方案,从幼儿园一直到高三。我们自己制定一套课程改革方案、课程标准,编写教材,全国来说,上海是唯一的。我们胆量大,整套的(教材)。到后来碰到入学高峰的时候,学生大幅增加,没办法进课堂啊,怎么办? 当时不就在课改嘛,我们采取把六年级向上推移,进行"5＋4"的统一的义务教育,就是五四分段。当时成立了一个面向全国的上海中小学课程教材改革委员会,当时吕老因为年纪大了,所以他作为顾问,他提出了一些指导意见。这个意见包括要制定培养目标和上海中小学课程改革方案,编写一套适应经济、文化发达地区的中小学和幼儿园的教材。而且我们是全国唯一的一整套从幼儿园到高三完整的体系。其实我们领导是很大胆的一种,当时是江泽民(担任市长),以及后来朱镕基来了以后,江泽民当市委书记,朱镕基当市长那阵子,他们都很支持,很重视。

【问】您的工作与之前吕老的工作有一定的承接关系,且您跟吕老合作共事多年,您感觉他特别重视教育工作的哪些方面?

【答】是培养年轻的教师,因为这是提高教育质量的关键,也是长久之计。他是1962年到1965年做教研处处长,主要负责中小学的教学研究工作。中小学的教育教学实在太重要了,头绪也很多,但关键的还是教师。那么怎么抓教师呢? 他是经常、经常地深入基层听课,从中来发现好的苗子、好的教师,他的想法是在上海十几万的教师当中培养出一批领头人。

(当时)我们上海的一批名校长、名教师都是我们市教育局的领导去听课听出来的。所以那个时候培养了很多人,出来了很多人。对这些第一线的优秀教师,他如数家珍。他曾经说:"培养出一批领头羊,这样的话,我们上海的教育就有方向了。"他就是通过抓教师来抓方向,因为十几万教师他不可能都去培养啊,需要有人带。这种做法,据说在市东就是这样的,所以到了教育局呢,仍然花大力气去培养那些年轻的教师,去听课,帮助他们备课,很具体地备课,修改教课计划,然后再听,听了以后再帮他们改进。

季国强：追求教育普惠，我们永远在路上

（季国强，上海市十届政协教科文卫体委员会原常务副主任，上海市教育科学研究院原党委书记）

【问】您跟吕老的交集是哪个时间段，是因为什么而有这样的密集交往？

【答】1986年我参加上海教育发展战略研究课题组，认识了吕型伟同志，自此我与吕型伟同志因教育研究接触了许多年，每年春节都到他家看望拜年，平时经常向他汇报教育改革和发展的诸多问题，向他请教，吕型伟同志长我24岁，我和他可谓忘年交。

【问】据说，吕型伟本人就是个特别有个性的人，您在跟他的接触中有过这样的感受吗？

【答】记得1990年秋天，吕型伟同志以中国教育国际交流协会副会长的身份带队去美国访问。我当时任上海市教育局普教处处长，教育局袁采局长安排我参团，并吩咐我照顾好吕型伟同志，到美国后的20多天时间里我和他每天住一个房间，有机会听他讲述从教的经历和体会，他说话思路清晰、观点鲜明、幽默风趣，给我留下了深刻的印象。参访途中我们到了美国田纳西州、南卡罗来纳州的一些中小学校，吕型伟同志说美国基础教育办学体制和我国不同，全美50个州划分为16000多个学区，中小学由学区举办，所以学校与社区有紧密的联系。吕型伟同志对我说，你负责上海中小学管理工作，需要研究如何加强学校与社会的联系，还说1985年上海闵行的吴泾地区中小学与周边的企业双向支持服务的经验值得研究，又说1986年上海市普陀区真如中学邀请周边政府、企事业、部队等18个单位组成社会教育委员会，这个做法值得总结推广。吕型伟同志认为教育改革要从实际出发，世界各国如何处理好学校与社区的关系做法不一，我们不必照搬，上海是国际大都市，教育改革要有自身的特点，总的方向是要实现"教育社会化，社会教育化"。

【问】吕型伟提出"教育社会化，社会教育化"，在您看来，吕型伟的研究与实践意识体现在哪些方面？

【答】90年代初上海市教育局会同市精神文明办、民政局、文化局、团市委、

总工会、妇联等组成了上海市社区教育协会,闸北区、普陀区、长宁区率先成立了区社区教育协会,全市各街镇相继成立了社区教育委员会。同时,上海召开了社区教育大会。市委、市政府领导出席会议并作了重要讲话。这些举措使中小学与社区的关系日益紧密,促进了青少年校外教育和社区的建设,使"教育社会化,社会教育化"的思想落实到了实处,其成果在全国产生了很大影响并得到教育部领导的肯定,为了进一步研究"教育社会化,社会教育化"的理论,推动社区教育的实践发展,上海市教育局袁采局长主持"八五"时期关于我国社区教育理论和实践研究,市教委副主任张民生主持"九五"时期"社区教育在构建我国现代教育体系中的地位作用研究",我作为上海市社区教育协会会长主持"十五"时期全国教育科学规划课题"学习型社区建设与社区教育发展研究"。上述三个课题均有许多外地的教育行政机构、学校参加,我多次陪同吕型伟同志去外地参加课题组开题、研讨、结题会议。吕型伟同志看了各地社区教育研究的成果后说:"有的专家说全世界关于社区教育的定义有140种之多,我们开展的社区教育就是有中国社会主义特色的社区教育,要符合中国国情,从中国的实际出发,不要被条条框框束缚。"各地的课题组成员为吕型伟同志的学识和人品所折服,纷纷表示要向伟大的教育家吕型伟同志学习,勇于创新,敢于实践!

【问】吕型伟的市东实践,在当下,在未来,也显示出熠熠光辉,在您看来,这对广大教育工作者有何启示?

【答】我在吕型伟同志指导下从事社区教育理论和实践研究20多年,可以说他是我的领路人。他的社区教育思想"教育社会化,社会教育化"产生了深远的影响。尤其是20世纪80年代以来,社区教育发展迅速,成为我国教育事业不可或缺的组成部分,这跟吕型伟同志的竭力推动密切相关。这也同时告诉我们,追求教育的普惠,是教育至真,也是教育为了人民思想的最本质要求。这也是吕老为什么虽已离去多年,但我们永远怀念他!

王厥轩：吕老是海派教育家的杰出代表

（王厥轩，上海市教委教研室原主任、教授）

【问】王老师，吕老作为上海和中国基础教育界一位传奇式的人物，他对基础教育界的最大贡献，可能就是他的课程思想。而他的课程思想，又可以分为两段：一段是他在市东中学的七年，即从1950年到他离开市东的1956年，他在课程领域提出了不少想法与创见；另一段是他离开市东之后，到了市教研室、中央教科所，以及到了市教育局的六十年间。上海市教育局的平台很大，他的课程思想得到极大的发展，他的许多课程思想精髓，一直到今天，仍闪耀时代的光芒，应好好传承，并认真地加以发掘。

【答】好的，先谈谈市东中学那一段课程思想。

吕老在市东中学时，正值他的"黄金时期"。他年轻、帅气，意气风发。尽管年轻，也许他的视野和境界尚未完全打开，但客观地说，他的课程思想已经创造了他那个时代属于顶峰的内容和想法。由于内容太多，我只能举些例子。

比如，吕老提出"三位一体"的思考，即文化课、体育课和劳动课三方面课程并重。这"三个并重"，就使教育既面向工农、面向生产劳动、面向未来，对学生而言，既注重学生智力开发，也注重学生身体素质和实践能力的培养。在七十多年前，能提出这种思想，非常难能可贵。

为了培养学生的劳动思想和提升实际劳动能力，学校从课程设置入手，强化了劳动课程，包括木工、电工、机械、电子、建筑等方面。市东设置了许多小工厂、小车间，已经达到了相当的水平，尤其是校办工厂生产的"403电动机"，这种设备，已经能到北京去向国庆献礼。

吕老不但重视课堂，还重视课外，由此提出"第二课堂"，引导学生广泛涉猎各种书籍，组织开展各种课外科技、体育、文艺等活动。市东学生在这些领域，都是全市学生的典范。

在此基础上，吕老还把20世纪三四十年代时赫尔巴特"强调统一，强调基础"的理论和杜威"强调个性，强调自由"的思考，统整起来，在市东中学实施了"课内抓基础，课外搞特长"的做法。

此外,吕老的许多具体做法,都富有创造性。比如,当时工农子弟很多,但面向大众的学校很少。吕老提出了"二部制",即"三班两教室",就是用30个教室,招收45个班级的学生。这样,既用足校舍,又能保证学校教育质量,还能丰富学生课外兴趣活动。这种思考,真是太奇妙、太富有创造性了。

又比如,怎样让学生在学好文化知识的同时,道德修养也能得到发展。吕老提出"一周一报告",即吕老每周给学生作报告。他的生动而富有吸引力的精彩报告,久久存留在学生心间。在那个时代,凡听过吕老报告的学生,都有一个共同感受:听校长报告,那是一种精神享受。

吕老还提出"问题教学法",就是教材的知识点,以问题的形式呈现在学生面前,让学生在探求、探索和解决问题的思想活动中,掌握知识、发展智力、培养技能,进而培养发现问题和解决问题的能力。为了把"问题教学法"做好,吕老又提出"密集提问"和"单元备课"等教学方法,同时,围绕"问题教学法",吕老又提出培养一支业务能力强、深受学生爱戴的优秀教师队伍。这一连串的做法,即使在今天看来依然是很鲜活、很有实效的。而七十年前吕老已经把它做得驾轻就熟了,无论是市东的教师,还是市东的学生,终生难忘吕老带给他们的一切。

【问】吕老在很年轻时就能达到这样的境界,您能分析一下原因吗?

【答】天赋,吕老是具有特别天赋的人。其标志是:吕老做的每件事情,基本上都是正确的,而且每件事情都做得很漂亮,很少走弯路。

除了天赋,也与吕老有非常丰富的经历有关系:吕老1918年生于浙江绍兴新昌。他17岁时就当了小学校长。在中国,17岁就当小学校长,绝对是典型个案。他1946年28岁时毕业于浙江大学师范学院。这是一所名牌大学。大学毕业后,他曾担任上海省吾中学教师、教务主任。1948年,受中共地下党委托,他办过《中学时代》杂志(半月刊,1949年停刊)。吕老1949年入党,1949年5月27日上海解放后,他与陈云涛、翁曙冠、段力佩、吴若安、叶克平、左淑东、戴介民、王一知等,参与了对上海旧教育的接管、整顿和改造。吕型伟对市东中学最大的贡献是,他把这所原先由国民党控制得很严的学校(校长曾担任上海市"三青团"的政治部主任),彻底改造为党领导下的社会主义新学校。在吕老手里,市东中学还为上级机关、出版部门、兄弟学校输送了四十多位能力很强的干部。

【问】吕老在离开市东后的六十年,对上海的课程改革,提出过许多极精辟的观点,能简单地谈谈吗?

【答】吕老是上海课程改革的奠基者和开拓者,他把对上海课改最紧要的两根"指挥棒"——高考"指挥棒"和课改"指挥棒",都从教育部那儿拿来了。要仔细地全面地了解吕老的课程思想,可以参见他写的一部书《为了未来——我的教育观》。

吕老对课程教材改革的一系列思考,非常突出的特点是:切中时弊,并提出改革的下一步方向与具体做法。

比如,在《对中小学课程教材改革的一些关注》中,吕老剖析了20世纪80年代全国课改中的一些弊端,仿佛手术刀,极精准,又痛快淋漓。他提了七条:学科太多;要求过高;课时太多,学生缺乏自己的时间与空间;所有的学科教学仅仅为了升学作指导;音体美被称为"小三子",非常不科学;忽视现代信息技术对课堂的影响;"三个中心"(以教师为中心,以教材为中心,以课堂为中心)仍然根深蒂固。其中第六条,在五十多年前,吕老已提出,在课堂中要重视现代信息技术的运用,这多么具有前瞻性。

也是在20世纪80年代,吕老写了一篇《对课程改革的几点意见》,他提出三条意见,条条精彩。

第一条,吕老认为教育改革的核心问题是课程改革。而目前的状况是:理论贫乏,观念落后,体制僵化,模式单一,内容陈旧。剖析批判入木三分。

第二条,教育改革的宗旨究竟是什么?吕老提出要服务于社会、服务于人。在这篇文章中,他用了七个词统一起来,即:适应、服务、推动、发现、培养、发展、完善。迄今为止,如此完整、如此新颖的提法,尚不多见。

第三条,教育改革的总趋势是什么?吕老提出"四个化",即:教育多元化或多样化;教育社会化;教育信息化;教育国际化。不得不承认,吕老在五十多年前,就能如此高度概括,真是非常精辟、十分超前,很见功力。

还有两篇,是关于人才培养的。一篇是《关于课程教材改革的探索》,指出了我们教育中的弊端:基础要求太高;搞平均主义、划一主义;求全责备、求同去异、扼长补短。吕老特别要求教育行政管理人员和各级各类校长,要"允许落后,鼓励冒尖",只有这样,各类各层次人才才会脱颖而出;还要求他们能做到"基础分流,弹性管理,多元发展",唯有如此,给不同的人打不同的基础,才是课程改革的发展方向。

在《关于推进课程教材改革的思考》中,吕老提出了三个非常新颖的观点。

其一,对课程设置的看法。他认为,课程设置最好是自助餐式的结构,你想吃什么就吃什么。其二,对选修课的看法。他认为,我们在课改中,千万不要把选修课仅仅看作是一种摆设、一种点缀。其三,对拔尖人才的看法。他认为,中国人对孩子的教育,非常强调两个字:听话。在家里,听家长的话;到学校里,听老师的话;到单位里,听领导的话。听话是不可能有个性的,听话产生不了创新,而诺贝尔奖是不听话的人才能得到的。为此,吕老大声呼吁:要爱护奇才、怪才、偏才,甚至狂才。

【问】下面我们谈谈海派教育和海派教育家好吗?吕老曾说过一段很精辟的话:"教育是事业,其意义在于奉献;教育是科学,其价值在于求真;教育是艺术,其生命在于创新。"对这三句话,能作个评价吗?

【答】尽管我有10年时间里担任上海三个研究所所长的经历,但我清楚,我本质上不是研究教育理论的,仅仅是一位教育管理者或是一位文字工作者。因此,我所谈的是非常初浅的。

上海有这样一个奇特现象:近现代以来,中国许多教育家,如蔡元培、黄炎培、陶行知、陈鹤琴、杨贤江、匡互生、俞庆棠等,他们都在上海办过学,留下极其丰富的办学思想。从20世纪四五十年代一直到七八十年代,与吕老平辈,上海出了许多非常著名的校长,如育才中学段力佩,上海中学叶克平,南模中学赵宪初,市西中学赵传家、市三女中薛正、复兴中学姚晶、位育中学李楚材(他们在1984年被上海市人民政府聘为中学名誉校长)。他们共同形成和建构了海派教育思想,这笔教育遗产弥足珍贵。吕老是他们之中的集大成者,是杰出代表人物。

概括以上人物的思想,就可以粗略地勾勒出什么是海派教育,大约有这样几条:

(1) 顺应世界教育发展的最新潮流、趋势创新,引领时代风气之先。

(2) 具有开阔的视域,有很高的精神境界,善于吸取和融会贯通世界先进教育经验。

(3) 扎根本土国情,始终研究自己学校的教师和学生的成长和发展规律,实事求是,讲求实效,力图把中国教育经验推向世界。

(4) 务实精干,聪明灵活,善于回归教育本源,进行对教育问题的深层思考,主动传承和履行学校现代化变革的使命担当。

（5）开展精细化学校管理,关注学生个体差异化和标准化。

关于海派教育家,由于我没有当过校长,不敢妄议。当然,并不是说没有当过校长的一定不能成为教育家,但是,当过校长,应该是成为教育家的基础条件之一。因此,我这儿讲的海派教育家,也是很初浅的。

什么是海派教育家?应该有这样几条:

（1）他有自己的思想,所谓校长办学,就是教育思想的办学。

（2）他有丰富的教育实践,能针对学校各个阶段不断出现的新情况、新问题,锲而不舍地思考与实践。

（3）他善于创新,敢为人先,不怕失败。

（4）他始终坚持独立思考、独立的人格和为人师表的高尚品行。

吕老的三句话,高屋建瓴、分析剔透、立意新颖。自他 2012 年 7 月过世以来,能把教育本质说得如此一清二楚、明明白白,能把教育讲到如此份上的专家学者,应该说,依然很少。这就是吕老的历史地位。

我对吕老的评价是:他的才华、学识和智慧,实非过去和现在的一般教育名流和文化巨人可比的。他有驾驭政治、教育的高超本领与穿透历史、文化的深邃眼光。对于他,我们依然要深深发掘他的教育思想,在新的历史条件下,为我所用。

顾泠沅：情系于此，心往未来

（顾泠沅，上海市教育科学研究院原副院长、研究员）

【问】您跟吕老的交集是在哪个时间段，是因为什么而有这样的交往？他给您以什么样的总体印象？

【答】吕老一生从教70余年，曾被称为中国基础教育的"活化石"。20世纪80年代中期，即"七五"期间，他开始领衔全国教育科学规划重点课题，后称"面向未来的基础学校"，先后持续5个五年规划。我协助吕老主持这个课题共28年，耳提面命，感触良多。从实践到理论，再从理论到实践，每一程，我都感受到吕老朴实无华、实事求是的做事风格。

其实我也已经进入喜好回忆往事的年岁。因此，通过本书脉络，从20世纪初叶，我国社会几经起落、教育格局历尽变更的躁动之年，到新中国成立，再到改革开放，可以窥见吕老的人生跌宕多姿。其造诣蕲远而感人，其为学大气而鼎新，究处事勤谨而和缓。他对后辈有严正的教诲，也有半开玩笑的闲聊，有论说也有谈笑，虚实兼陈，感觉是汁味如旧、葆其真态。

【问】吕型伟作为一个大教育家，既是实践家，也是理论家，在您看来，哪些典型事例体现了他的这两方面？

【答】吕老从教70余年，从教师到校长到局长，始终坚持"深入课堂，不离课堂"。他也常常告诫我："下基层调研，不进课堂就等于没有到过这所学校。"

在中国教育史上，吕老创造了很多个"第一"，促进了上海乃至全国教育的发展。比如早在20世纪80年代，吕老首次提出把课堂教学和课堂教学以外的信息渠道并称为"两个渠道"，二者地位并重，引发课程结构的重大改革。从此，"第二课堂"在全国流行。吕老还争取获得上海高考自主权，打破了"全国一张卷"的局面。

同时，吕型伟还留下了丰富的具有创新的教育思想。吕老认为，人才的含义首先是先成人，后成才。一个人学习不好是次品，体育不好是废品，品质不好是危险品。哪个轻、哪个重，应该很清楚。

【问】吕老曾经做过教育研究所的研究员，后来又担任多个全国性的教育

图 8-1 "面向 21 世纪基础教育"课题组部分成员

研究课题总负责人,您作为亲历者,能谈谈他治学方面的事吗?

【答】2000 年的一天,吕老在华东医院的病床上打电话给我。他想把自己牵头做了十多年的"21 世纪中小学幼儿园教育现代化的研究与实践"课题交给我。

我真有点诚惶诚恐,担心自己难受重托,恳请吕老"让我想一想"。因为我知道,这是一扇"地狱之门",此项课题跨越 18 个省(自治区、直辖市),涉及 50 多所学校,要全部完成还有很长的路要走。要承诺,必须想清楚;答应了,就义无反顾。

课题"九五"结题会召开前一周,我登门看望吕老,答应吕老接手课题。然后 3 天通宵达旦,帮吕老对 30 多所课题实验学校的材料,一一作了认真评点。结题会上,吕老在我评点后,高兴而幽默地宣布:"这个课题组我可以放心地交给我们第二代领导人。"那个时候,我的确想让吕老相信:这个课题会越做越深入,越做越扎实。教育是一门科学,做教育科研容不得半点浮夸和虚假。

2012 年 5 月,在华东医院我向吕老作"最后一次汇报"。那时他躺在床上,紧闭双眼,已到生命的最后时刻。当我说到课题组的扎根研究方法——摸石头过河的实践路线、用学习的力量避免盲目、看懂现在就是面向未来(这是对吕老"藏往知来"大智慧在方法论层面的一种揣摩)。刚说完这三句话,吕老眼睛一亮,很勉强地侧身坐起说:"这三句话的意思我讲过,它们不是孤立的,应该是一个体系。"他的思维突然清澈如明镜,令周围人都惊呆了。三天后,在25年总课题的结题大会上,大家认为,这三句话虽然不是具体的方法,但却是面向未来学校研究的方法指南。它超越了方法本身,既是现实的反思,又是行动的前瞻。

……林林总总,我也一直在想,吕老的教育探索,从市东出发,一路不懈,即便到生命的最后时刻,都是情系于此,心往未来。这是一种何等的境界!

【问】吕型伟曾经不遗余力促成一所十年制实验学校的建立,还将自己的第三代送进了这样的学校,您怎么看这件事?

【答】2000年年底,在一次会上,吕老历数必须克服的现象:学校规划求大求全,说了不少空话套话;缺乏个性,不能解决问题;教改赶时髦、翻花样,流于形式、止于表面,没有认定方向扎扎实实下功夫;只报喜、不报忧,只讲成绩、不谈问题,缺少两点论,沾沾自喜于自己的功劳簿,追求奖状、奖杯、锦旗、证书,其实奖励也在贬值;教育科研急功近利,无实事求是之心、有包装粉饰之意,有的甚至捉刀代笔,不少老师已经看破红尘……

这种种现象,吕老不仅早有感知,也一直在设法改变,他更想用实践的样本说话。20世纪90年代,上海市实验学校刚刚创办没几年,吕老就把自己的孙辈送到了上海市实验学校学习。当时的上实还不是如今的上实,操场都是煤渣跑道,也没有太大的名气,但是吕老愿意把孙辈送到这块"试验田",这也是他投入教育改革的一份坚持。

思想者永远是孤独的。吕老,总能站在新的历史平台,发掘更为深沉的问题,思索更加高明的策略,他总是有话要说,有事做。这也是如今我们对他的一种永不到头的惦记。

【问】吕型伟的教育实践与研究,从市东出发,到上海全局,再到全国视野,他给我们留下了什么宝贵的财富?

【答】吕老晚年,我经常聆听他对自己的诘问:摸石头过河,石头在哪里?于是他大力提倡学习——学点教育史(包括赫尔巴特和杜威)。他常常告诫,要常思新中国成立后五十年我们究竟在探究什么,要善于从教育之外寻求对教育的驱动力。

他往往既从学校内部寻找进步方向(深层趋势),还从教育之外看教育(社会驱动力)。得出四对矛盾:人的自由发展与社会需要、统一的基本素养要求

（全面发展）和个性差异、书本知识和实践、教师本位与学生本位。做教育的，要思考如何从四对矛盾的历史漩涡中寻找中间地带。

吕老始终把教育视为未来的事业。他赞成这样的看法：20世纪是物的世纪，21世纪才是人的世纪。因此强调人文精神的回归，强调人的自主精神，有个性才有创造，不能在划一与规范中泯灭了学生的创造天性。

因此我觉得，常看现在（的问题），常反思（过去），常想未来，就是他留给我们教育人的重要的思想方式和宝贵财富。

【问】您觉得生活中的吕老有什么特点吗？

【答】吕老很幽默。即便到了高龄，还常开玩笑，多次谈他的长寿之道：一是"睡过棺材"（不信邪），二是吃过树叶（早年去农村调研的艰苦日子），三是洗过脑子（指1996年的脑部手术）。他常说，豁达、乐观才是长寿之道。又如外国人问他中国人为什么聪明，他说因为从小用筷子，所谓十指连心、心灵手巧嘛；自己人问他为什么我们黄皮肤，他说上帝用陶土造人，放在火上烤，白皮肤是火候未到，黑皮肤则过了头。我们不生、不糊刚刚好。大家在捧腹之余，体会到了吕老的机敏和幽默。

附录1：
追忆——沐浴吕型伟教育思想的光辉

感受与希望

冯　林

在党和政府的领导下，在全校历任各级干部和师生员工的共同努力下，市东中学形成了优良的校风、教风和学风：

一、各级干部历来注意坚持正确的政治方向和办学思想

大家认识到这是至关重要的事。这方面做得正确，就能使学校朝气蓬勃地不断前进；这方面如有错误，就会产生严重的后果。因此，大家经常注意坚定党的领导和社会主义道路，经常注意坚持全面贯彻教育方针和培养目标，使学生在德育、智育、体育诸方面生动活泼主动地发展。大家按照理论联系实际的原则，经常学习讨论宣传，经常研究贯彻措施，经常检查执行情况，努力防止和克服"左"的或"右"的倾向。在讨论问题时，提倡解放思想，各抒己见，在实际工作中，提倡大胆试验，勇于创新。随着认识和实践的不断发展，大家的方针政策观念加强了，教育思想和领导水平也逐步提高了。不少同志都体会到这是领导工作中最重要的事。

二、广大教师有良好的教风

广大教工事业心、责任心、进取心都比较强,有办好学校的雄心壮志,有正确的教育思想,能管教、管导、管学,有自觉主动、艰苦踏实、实事求是、严格要求的工作作风,政治学习和钻研业务的氛围也比较浓厚。最使我感动的是许多教工把整个身心都扑在教育教学工作上,具有献身精神。当年,不少教师办公室在夜晚还是灯火通明,好些教师还在伏案备课,他们热爱学生,努力工作,勤于学习,又锐意改革,并不断总结经验,努力提高教育教学质量。他们那种高尚的师德,深深地感染了学生,推动了学生好学向上。许多毕业生,即使离校多年,在工作上取得了较大的成就,还是深深怀念教过自己的老师,凡有机会总是前往看望。老师们勤勤恳恳为人民服务的精神,也激励毕业生努力在所从事的领域中作出贡献。

三、广大学生有良好的学风

学校领导和教师一贯比较重视对学生进行学生守则的教育,因此,广大学生勤奋学习、刻苦钻研、尊师守纪、团结互助,蔚然成风。1960年以后,学校又认真研究了当时学生在学习态度、学习兴趣、学习习惯、学习方法、学习能力等方面的情况,提出了"认真读书,认真作业,独立钻研,一丝不苟"的要求,并从正确贯彻教育方针和培养目标方面,从正确认识和处理教师教和学生学,理论和实践,课内和课外,敢想、敢说、敢做和严格的科学态度等重要关系方面,反复宣传贯彻,同时又在学生中发扬先进,树立榜样,使这"十六个字"的意义深入人心,这样坚持多年,取得了良好的效果。许多毕业生,一提起这"十六个字"都感到印象深刻,受益匪浅。

四、整个学校团结奋斗的气氛好

学校领导比较注意尊重知识、尊重人才,关心教师的思想、工作、学习和生活,充分发挥广大教工的作用,又比较注意坚持"三不"精神,并对教工反映的困难和问题采取认真、负责、慎重的态度妥善解决,使广大教工工作积极,心情舒畅。教师之间也相互关心,相互帮助,相互学习,气氛十分融洽。记得当时举行教工文艺汇演,各教研组各部门自编自排节目,热烈异常,每次演出都能获得广大师生的欢迎。许多教工反映,在市东,工作是紧张的,心情是愉快的。至于教师爱护学生,学生尊敬老师更是形成风气,动人事例比比皆是,今天校友对母校教师的感情,就是明证。更重要的是学校各级干部之间,特别是领导班子之间团结一致,为了共同把学校办好,大家朝夕相处,同心协力,建立了深厚的友谊,大家相互尊重,相互体谅,相互取长补短,有了成绩荣誉,大家互谦互让,有了错误缺点,大家主动承担责任,有问题大家共同研讨,有困难大家热情关心,同志间以诚相见,不搞无原则的纠纷,即使不在一起工作了,大家都还保持良好的关系,都还十分关心和支持学校的工作。可以这样说,自解放以来,市东十分重要的一个优良传统就是领导班子之间的团结合作。

(本文作者是市东中学第九任校长,任期:1958—1976 年)

忆市东中学"文革"前的教育改革

张宗炎

市东中学创建于 1916 年。原名聂中丞华童公学(Nieh Chih Kuei Public School for Chinese),系聂云台先生献地,由当时公共租界工部局开办。前三任校长均由英国人担任。1941 年,学校改名缉椝中学。抗日战争胜利后,由国民党政府接管。1949 年 5 月,上海解放;6 月,人民政府派舒文、段力佩、吕型伟三位同志接管学校,从此学校获得新生,成为劳动人民自己的学校。1951 年春,改名为市东中学。解放后历任校长为段力佩、吕型伟、冯林、张宗炎等同志。现任校长为陈伟彬同志。七十年来,在市东受过教育的学生达一万六千余人。解放后,市东中学在上级领导的关怀与帮助下,为把学校办成社会主义新型学校,对旧的教育体制、教育内容、教育方法进行改革,取得了显著成绩。

一、第一个五年计划时期的教育改革

在三年恢复时期,教育改革的主要任务是取消反动的训育制度与公民课,对学生进行爱国主义、新民主主义的思想教育,肃清国民党政权反动宣传的影响,加深对中国共产党的认识。至于学校管理体制、教育内容和教育方法的全面改革,则是从 1953 年开始进行的。当时,教育战线从学习苏联教育学着手,进行教育改革的探索,市东在全市先行一步,进行试点。如今,我们认识到苏联的教育学还存在着许多不足之处,但它把教育作为科学来研究,较之旧中国遗留下来的杂乱无章的教育体系,毕竟是很大的进步。市东在这方面不仅学得很认真,而且在实践中能够联系中国的实际,特别在学校管理与思想教育方面,有不少创新。

1. 贯彻向工农开门的方针,首创"三班两教室"形式的"二部制",充分挖掘学校潜力,解决工农子弟的入学问题

当时杨树浦(包括原榆林区与原杨浦区)是上海工人阶级最集中的地方,但解放前文教设施非常贫乏,刚解放时,仅有初级中学十所,完全中学两所。解放

后,工农群众需要文化,大量工农子弟迫切要求入学,而新学校还来不及建立。当时市东在全区是条件最好、质量最好的学校。所以向工农开门,解决工农子弟的入学问题是义不容辞的任务。但从学校实际情况看,困难也很大,比较正规的教室仅 18 个。学校充分挖掘潜力,将一切可用的地方都改为教室,再加上 1953 年新建的教室楼(四个教室),共有 30 个,但仍不能满足需要。这样,就迫使学校采用"二部制"。苏联的"二部制"是上下午制,学生每天只上半天课。这种"二部制"削减了教育计划的内容,影响了教育质量。能不能做到既增加班级又不削减教育的内容,不影响学生的各项活动呢?当时,市东尝试了各种形式的"二部制"。最初是"七班六教室"制,即星期天也上课,各个年级轮流休息。"七班六教室"挖掘潜力不大,师生休息时间不同,许多活动没法开展,行政领导基本上没有礼拜天,一年后改为"四班三教室"。到 1953 年,沪东夜中学并入市东,班级增加到 45 个,于是又首创了"三班两教室"制。它依靠周密的安排与科学的管理,既能较大幅度地挖掘潜力,又能保证教育计划不折不扣地完成,学生各项活动也得以合理安排。从 1953 年到 1959 年,学校班级数始终保持在 40 个以上,都是实行"三班两教室"制。市东曾向全市作了这方面的经验介绍,许多学校采用了这个办法后,解决了广大工农子弟入学的问题。当然,"三班两教室"制与"一班一教室"制相比,缺点很多,后来新校纷纷建立,工农子弟入学问题不那么严重了,从 1960 年起,学校逐步恢复了"一班一教室"制。

2. 实行校长责任制,改革学校管理,提高工作效率

第一个五年计划期间,上级领导决定市东实行校长责任制,党支部起监督保证作用。当时,王道生同志任党支部书记,吕型伟同志任校长。市教育局以市东为试点,有计划地进行一系列的改革。在学校管理方面,吕校长十分重视学校工作的计划性,市东每年都要向全市中学介绍学校计划与工作总结。市东行政领导十分重视教育理论的学习,经常结合实际学习教育学,并在全校建立教研组活动制度和班主任会议制度,而教研组活动与班主任会议都是以业务学习为主要内容,校长及教导主任同教师一起学习,所以学校里学习氛围很浓,教师的思想水平与业务水平也提高得很快。行政领导又建立了对教师工作的监督与检查制度,深入实际了解教师的工作情况,并进行具体帮助。由于实行校长责任制后,学校管理得好,印尼一所著名中学的华裔校长,曾经市教育局介绍

来市东向吕校长学习,在整整三个月中,他跟吕校长参加校内行政工作的一切活动,获得了深刻感悟。回国后来信表示,要将市东在教学管理方面的一套经验,在他自己的学校里加以实践。

3. 以教学为中心,进行教学改革,努力提高上课质量

实行校长责任制后,校长把主要精力放在教学改革中。全校的计划、总结、业务学习以及对教师的检查与监督都是以教学为中心。同时,建立了各科教研组与备课组,在校长的统一领导下,形成了一套教学管理的体系,这在当时是一个重大的改革。这个时期,教师很重视教学研究,工作既有热情又踏实细致,颇有成效。不仅校长取得了全面领导教学工作的经验,向全市作了介绍,而且各个学科在教学中也有创新。化学组作为学校进行教改的一个点,对教学方法进行了多方面的探索,取得了不少经验。他们改注入式为启发式,着眼于启发学生积极思考,培养能力,让学生成为学习的主人。他们对元素化合物教学改革的探索,取得了很大成果,并将"卤族元素"一章的教学经验向全市介绍,影响很深。物理组在物理概念的教学与实践教学方面也有创新,他们在有关杂志上发表的文章受到各方面的重视。在一次行政与工会联合举办的教师点滴经验展览会上,单是物理组的自制教具就放满了两大间实验室,其他各组也各有特色,教学成果摆满了五间教室。教师们相互学习,相互切磋,进步很快。1956年评定市优秀教师时,市东评出刘葆宏、杨国英、张宗炎、陈伟彬、王学镛、庞茗、杜青禄、崔鹏飞、周先达、陈大森等十名优秀教师,还向高等学校、兄弟学校、上级领导部门和其他系统输送了几十名骨干教师和领导干部。当时有人把市东培养和输送干部比作割韭菜,长一批,割一批,又长一批。

4. 健全班主任制度,深入进行学生守则的教育,使思想教育制度化、系统化

市东在进行教学改革的同时,也十分重视班主任工作,还深入进行学生守则的教育。学生守则是由教育部于1955年5月公布的,在正式颁布之前,市东作为试点单位已在逐条贯彻,摸索经验。从1954年3月至12月,当时吕型伟校长与杜青禄同志曾对其中六条进行理论上的阐述,发表在《文汇报》上。由于大家的共同努力,市东逐步形成了人人自觉遵守守则的优良校风。学生既有远大理想与献身精神,又有高度的文明行为和自治能力,老师也能以身作则,言传

身教。有几个例子可以说明：

学校在 1952 年从市三女中移植来几株良种葡萄，两年后结出果实，1955 年取得了丰收，果实累累，许多同学用喜悦的目光欣赏玛瑙般的一串串葡萄，虽然有人馋涎欲滴，但没有人去摘，因为他们知道这些葡萄是公物，每个人只有爱护它的义务而没有自行采摘的权利。当葡萄成熟的时候，同学们主动组织了一次庆丰收活动。一共摘下了近百斤葡萄，将最大、最熟的拣出来，分成两摊，一摊送给老师，感谢老师培育之恩，一摊送给附近良工阀门厂的工人师傅，感谢他们为国家创造物质财富，余下一些小的自己尝尝鲜。

还有一件颇为感动人的事。当时有条规定，学生星期一到星期五晚上不看电影，以便集中思想自修。1956 届有位名叫方伟荣的学生，他的住房前有一个放电影的广场。一次广场里放映电影，而银幕正对着他书桌前的窗口，他做功课时只要一抬头就可看到电影，而且那个影片正是他渴望去看的。当时他想："今天不是星期六，我要严格遵守学校的规定，专心自修功课。"这样他竟一次也不把头抬起来，硬是把功课做好（这位同学现在长沙国防科大从事军事科学研究工作）。当时的学生就是这样严格要求自己，锻炼自己的意志的。

还有一件小事也很有趣。当时学校配合社会宣传交通规则，要求学生过马路一定要走横道线。有位学生心里想："老师这样要求我们，他们自己是不是也这样呢？"一天放学后，他尾随一位老师回家，结果他看到那位老师每逢过马路的时候，的的确确是走横道线。他大为折服。事后把这件事记在周记本上，真正感到老师是以身作则、言传身教的。

当时学生的自制能力很强。记得 1958 年暑假，高三、初三毕业班的同学，为了给母校留个纪念发起了整修操场跑道的活动。同学们自己确定施工方案，拟订工艺要求，并且四处找材料、借工具，没让学校多花钱，没让老师多操心，用了一个多星期的时间，完成了翻修跑道的工程。

5. 改革体育工作

在体育课方面，首先试行国家编订的体育教育大纲与教育计划，彻底结束了"放羊式"教学，使体育教学在科学原理的指导下进行。其次是展开群众性体育活动。市东是上海首先施行"劳卫制"体育（大体相当于现在的体育锻炼标准）的两所学校之一。通过标准的人数比例很高，曾受到体委的表扬。学校把早操与组织纪律教育、集体主义教育结合起来,学生人数多,操场容纳不下,就站在校内各处走道上,学生配合得非常好,几分钟内,大家迅速站到自己的位置,秩序井然。市里曾编印上海体育近况的小册子,刊登了市东广播操场面的照片。市东足球队也是全市闻名的。1957 年又抓了体操队的训练,建起了体操房,购置了体育器材。经过艰苦锻炼,学生们进步很快,多次参加市一级比赛,在某些项目上还取得前三名,并涌现了一批优秀运动员,如:运动健将唐国忠,在重要的国际比赛中获得好名次,为祖国赢得荣誉;运动健将何瑞虎、何瑞豹兄弟,现均在美国某大学任体操教练;女子体操则有运动健将华莹铮,她曾任上海市女子体操队队长。此外,还有王立义,现任国家女子跳水队教练;曲宗湖,现任北京体育学院副院长,他在体育理论方面颇有造诣;曹文化,现任国家体委科研处处长。

6. 开展综合技术教育

1954 年,年轻的物理教师陈伟彬曾作为中国教育代表团成员之一赴苏考察,重点学习综合技术教育的理论与实践经验,回国后赴各地传达,并于 1956 年起在市东开展综合技术教育,编订了教育计划。初一学木工,初二学钣金工,初三学电工(主要是照明电路),高一学车钳工,高二学汽车修理和驾驶,高三学电工(主要是电动机),学生每周上课两课时。第一年先在初一、高一开课,第二年再扩展到初二、高二,第三年原定扩展到初三和高三,因"教育大革命",建立校办工厂,将原来的综合技术教育课改为学生直接参加工厂劳动生产产品。综合技术教育对培养学生动手动脑的能力,把教育教学工作与生产技术结合起来起了很大的作用。当时在初中读书的现上海市广播电视局局长龚学平同志,对那时所受的综合技术教育印象深刻,认为这是市东的一项特色。

7. 重视美育教育

学生的课余生活也很丰富。学校广泛开展课外活动,组织科技小组、文艺小组等,其中美术小组也办得有声有色。参加美术组的同学,对素描、速写、国画、油画、木刻、雕塑各有所好,还配合形势绘制宣传画。1955 年中央美术学院杭州分院中学部在上海、南京、苏州、无锡等地设了许多招考点,据说报名总数达三千余人,初选三百人,我校应届初中毕业生张志明、严忠林、杜英信等 14 人报考,初选全部录取,复试只收 25 人,我校录取 5 人,占总数五分之一,可谓成绩斐然。陈显耀同学酷爱木刻,当时宋庆龄同志主持的中国人民保卫儿童全国委员会在首都举办全国少年绘画比赛,陈显耀送去两幅木刻,一幅是胡志明像,一幅是孔雀开屏,均获一等奖。

二、六十年代前期的教育改革

1958年开展了以克服"三脱离"(即脱离政治、脱离生产劳动、脱离实际)为重点的"教育大革命",试图突破苏联教育学的模式,起了一定的作用。但由于受到"左"的影响,在一定程度上忽视了课堂教学、系统知识的教学、教师主导作用和正常的教学秩序。我校从1959年起,迅速纠正了"教育大革命"的缺点,恢复了学校的正常秩序,并从1959年到"文革"前夕,初步树立了教育要适应现代化需要的指导思想,积极贯彻党的教育方针与培养目标,不断在德育、智育、体育、美育、劳动教育等方面进行改革的探索,不断提高教育质量,把学校办得生动活泼。在我的记忆中,下面几个方面印象最为深刻:

1. 政治思想教育方面,加强了党的领导,加强了坚定正确的政治方向的教育

在党支部直接领导下,以政治辅导组的形式,从组织上把团队工作、班主任工作与政治理论课统一起来。在这个阶段,学生对党的观念大大加强,坚定了社会主义方向,每年高中毕业班总有一些学生申请入党。自愿要求参加边疆建设、参加军事建设的学生逐年增多,1964年,全校有18名优秀毕业生主动放弃高考,要求参加边疆建设。当时全国11个军事院校来沪招生,他们对市东的毕业生十分欢迎,认为学生的政治素质好。自从建立政治辅导组后,全校的政治思想工作形成一个体系,团队工作着重进行政治方向方面的教育;班主任工作的重点放在学习观点、学习态度以及行为品德方面的教育;政治课着重进行系统的政治基础理论教育。三者有所分工而又密切联系。政治辅导组的作用就在于协调经常的思想工作,并环绕中心任务将三方面的力量有机结合起来。另外,还重视将思想教育渗透在各科教学过程中,所以,当时学校的政治气氛十分浓厚,政治思想工作十分有力。

2. 在教学工作方面,学校在教育思想上已经开始注意到教学内容的现代化与学生自学能力的培养

在扎扎实实提高课堂教学质量的同时,大力开展课外活动,培养学生兴趣

爱好，发挥学生特长，使学生学得生动、活泼、主动。1963年，当时的党支部书记、校长冯林同志出席上海市第三届党代会，曾就学校开展科技活动的意义作了书面发言。关于培养自学能力，1960年以后，学校认真研究了当时学生学习态度、学习习惯、学习方法、学习能力等方面的情况，又从正面认识和处理教师和学生、理论和实际、课内和课外，敢想、敢说、敢做和严格的科学态度等关系方面进行了探讨，提出了"认真读书，认真作业，独立钻研，一丝不苟"的要求，在学生中大力宣传，不断发扬先进，树立榜样，使这"十六个字"的意义深入人心，一直坚持到"文革"前，取得了良好的效果。许多毕业生进入高校之后，能很快地适应大学的学习方法，取得好成绩。正如1963届毕业生戴定国回忆的那样："我在强手如云的北京大学就读，第一年就被评为北大的三好学生，这不能不归功于中学时代在学习方法上受到的正确训练。今天，当我在大型电子机房完成量子化学研究课题的计算时，当我在大学的课堂上给同学们上课时，当我在家里教育自己的孩子时，我都努力用这种'认真、严格、独立'的精神来要求自己、要求同学们、要求下一代，它已经成为我生活中一个不可分离的有机组成部分。"

3. 组织学生参加各种劳动，使劳动教育在内容上、形式上都形成体系，有效地培养学生的劳动观点、劳动习惯、劳动技能，同时还丰富学生的生产知识、社会知识，把教育与生产劳动更好地结合起来

当时，学生的劳动有工业劳动（包括在校办工厂劳动与到校外工厂劳动）、下乡农业劳动、社会公益劳动与校内服务性劳动等，按年级的高低合理安排，列入教学计划（一般每个学生每学期参加两周劳动），所以当时的学生劳动观点正确、劳动习惯良好、独立生活的能力较强。校办工厂是在1958年建立的，把原来的综合技术教育课改变为学生在劳动中直接出产品。在"大跃进"中物理教师带领一部分同学自己浇铸机壳，自己绕线圈，自己装配，自己测试制成了一台合乎规格的马达，从此，就建立起以制造马达为主要任务的校办工厂。此后，校办工厂的生产任务虽然屡有变更，但一直坚持学生参加劳动，迄今已三十年，除"文革"期间中断了一年多外，始终把初三以上的学生参加生产劳动列入教育计划（初一、初二学生参加学校内公益劳动），而且重视把思想教育、知识教育与创造力的培养贯穿在整个劳动过程中，体现了育人为主的作用。当然，学生参加

直接出产品的劳动,在技术训练方面有很大的局限性,但他们直接接触产品,能够获得许多有关产品的知识,加强责任感,有利于劳动教育,而且在学校财力不足的情况下,这样做也是比较切合实际的,至于如何把系统的基本技术训练与学生的劳动更好地结合起来,则是今后需要不断探索的。

在"文革"前的十七年中,市东在教育改革中取得了较大的成绩,也培养了一大批人才,其中,不少人在党的十一届三中全会以后已经脱颖而出,或在事业上取得卓越成就,或在各个系统担任负责工作。1960年市东被光荣地评为上海市文教战线先进集体,并推刘葆宏同志为代表,出席了全国文教群英会。这是市东校史上光荣的一页。

当然,从教育要"面向现代化,面向未来"的要求看,市东当年教育改革的成绩还是很不够的,需要不断探索新的路子。当前在全国改革开放搞活的大好形势下,市东的教育改革开始迈出新的步子。全校师生将继续发扬团结奋斗的精神,坚持四项基本原则,坚持正确的办学思想,努力为建设四化培养更多更好的人才。

(本文作者是市东中学第十任校长,任期:1977—1984年。此文原载杨浦政协《文史资料》第一期)

坚持正确的办学方向,团结奋斗,振兴市东

陈伟彬

市东在 1979 年重回重点中学行列,但是由于许多有经验的老教师退休和学生来源条件的限制,面临着很大困难。在困难面前,我们没有灰心丧气,而是继承了母校办学的优良传统和团结奋斗的精神,在崎岖的道路上攀登。我们坚持全面贯彻教育方针,德、智、体并重,重视按教学规律抓教改,不盲目跟随社会上片面追求升学率的一些错误做法,我们反对加班加点,反对在学习上搞大运动量的题海战术,我们大力宣传和发扬着眼于提高课堂教学效率,既减轻学生负担,又提高教学质量的化学教研组组长朱关金老师的教改经验。我们深信,在学生德、智、体全面提高,基础扎实,并重视在传授知识的同时发展学生智能的情况下,升学率不仅不会降低反而会自然地提高。我们追求的目标,不是升学率,而是为祖国继续培养大批能够坚持社会主义方向的各级各类合格人才和优秀工作者。几年来的实践证明了这一点,我校教学质量不仅没有降低,反而逐年稳步上升,朱关金同志的教改经验已得到了市、区领导和许多兄弟学校的肯定。我校化学教研组被评为 1983—1984 年度上海市劳动模范集体,1985 年度杨浦区教改有成效的教研组,朱关金同志本人被评为 1985 年度上海市劳动模范。几年来,我校高三、初三毕业生服从国家需要,报考外地院校和高师、中师的数量较多,质量也较好。

如:1985 届的高中毕业生杨晓峰同学是学习尖子,曾获上海市数学竞赛二等奖,几所重点大学争着要他,但杨晓峰同学不为所动,仍然选择报考了国防科技大学,为的是要实现他早已立下的在航天事业上赶超美苏的雄心大志。我校学生由于在中学阶段基础扎实,并且培养了一定的能力,进高校后学习有后劲。

1981 届的毕业生顾永明进上海交通大学一年后被选为全年级一百名优秀生之一,两年后又被选拔为全年级十三名优异生之一,去年毕业时,不仅各科成绩优异,而且还收获了双学位和双外语过关。

1983 年毕业的女生奚莉,学习认真踏实,但并非学习尖子,毕业后以最低档分被上海交通大学录取,进大学后成绩稳步上升,二年级即获得甲等奖学金,三

年级下学期已提前通过了研究生考试。由于我校平时学习负担不重,同学们在课余有较多自由支配时间来参加各种课外活动,按自己兴趣爱好扩大知识,培养兴趣,因此历年来在市区文、理科各项竞赛中获奖人数甚多,参加全市中学生田径比赛成绩良好。学生干部中出现了大批德、智、体全面发展的三好学生。这一现象在"文革"前也未有过,创造了新水平。

(本文作者是市东中学第十一任校长,任期:1985—1991年)

吕老教育思想代代传

吴永光

吕型伟校长对市东的影响，无疑是非常深刻、非常深远的。我从陈伟彬手上接棒校长职责，是在20世纪90年代初、吕校长离开市东三十多年之后，但他留下的办学思想，还深深地影响着市东。下面我说几条。

首先很突出的一条是"深入每一个师生"。这个风气一直到我任校长的时候都能感觉得到。学校领导，包括中层，都有一个深入各班组参加各种活动的习惯，无论多忙。本学科的参加由教研组长组织的学科教研；学校举行的各类教育活动，则往往根据自己的角色或者协调分工选择参与；很多时候还随同老师通过家访，深入了解学生家庭。让人感觉整个学校，从领导到老师再到学生，是一个融为一体的大家庭。

第二条是他非常注重素质教育，要培养对社会有用的人才。吕老实事求是、求真务实的作风，让市东出来的学生往往带着独特的市东印记，就是不尚空谈，老师们也一样。市东的科学实验课一直比较领先，学校里的实验仪器、专用教室等在那个"一考定终身"非常盛行的年代也从来没有荒废过；学校也一直沿着吕老的倡导，每年举行各级各类学生喜欢的课外兴趣小组"嘉年华"活动，很受学生欢迎，他们兴致勃勃地展示着学习特长和成果。

第三条是他提倡德智体美劳全面发展，市东中学的劳动教育是做得最好的。那个时候听老员工聊起20世纪50年代的校办工厂、做工车间、对口农场、校园蘑菇房……都是一个一个生动的故事。这些零零碎碎但真真切切的故事，给市东学生带来的是各种持续不断的丰富的体验活动。到了20世纪90年代，学生们往往在老师的带领下，包揽全校所有的劳动工作。班级卫生就不用说了，学校的所有地方的卫生工作都由各班级分工"承包"。另外，园林修剪、食堂服务、厕所清洁……都是不花学校一分钱，还养成了学生热爱劳动、遵守职责的意识和习惯，一举多得。

第四条是吕老要求学校从自己的实际出发，办出个性，办出特色。那个时候他从市教育局离休不久，依然很关心市东的发展。我在市东工作期间深受他的思想影响,认为每个人都是学校的主人,主张发展个性发挥特长。学生能否充分发挥自己的特长,发展自己的个性,很大程度上要看学校是否有一个宽松和谐的育人环境,以及尊重学生而非颐指气使、循循善诱而非拔苗助长是否是全校老师们一直遵循的共识;同样,学校领导层对老师们的态度是否正确、整个学校文化是否兼容并包,以及是否鼓励教师保持个性、鼓励教师发扬自己的教学风格、发挥自己的教育创造力……才是学校是否办出特色并且让学校特色持续发挥育人功能的试金石。

一个好校长可以成就一所好学校,吕老为后任校长树立了光辉的榜样。我在市东就是遵循着吕老的教育思想治校的,虽然只有两三年时间,但这段经历,给我的影响却是终身的。我也为此段经历感到自豪!

(本文作者是市东第十二任校长,任期:1991—1993年)

市东中学的科技教育再逢春天

冯纬世

被首批评为上海市科技教育特色学校之后,我校的科技教育工作在一个更高的起点上得到了长足的进步和发展。先后多次有学生在全国、市、区级各类科技竞赛活动中获得一、二、三等奖,还有学生的科技论文被选送参加国际交流。我校有多名教师被评选为全国、市、区科技、环保教育优秀辅导教师。科技教育已经成为我们学校教育的特色之一。

下面就着重我校对2001和2002年两年的科技教育工作进行总结。

一、统一领导,分工协作,保证特色

我校的科技教育工作起步早,成绩突出,然而新形势要求在各项工作中都要有创新意识,学校原有的科技教育模式也应当有所突破。

学校成立了校科技教育领导小组,由校长冯纬世挂帅,组员有:科技总辅导员,教导处、政教处、科研室、总务处的主任和团委书记。同时,成立由各学科科技教育骨干教师组成的学校科技教育中心组。领导小组和中心组的设立,力求在科技教育方面做到各部门群策群力、通力合作,同时也形成了一个学校科技教育的组织网络。

除了在学校规划和学校工作计划中列入科技教育的内容外,科技教育有独立的规划和实施计划、小结和阶段性总结。

我们将科技教育纳入学校课程体系,开设多种科技类拓展型课程和科技类研究型课程,把培养学生的科技素养、提高学生的科学探索意识、教会学生科学实践的方法作为课程的目标。我们通过点面结合实施科技教育:点——建设一批有特色的科技类活动项目、学生科技社团和科技类研究课题,面——在学科教学中渗透科技理念和科技能力、开设科技教育专题讲座、每年举办科技周活动和"市东杯学生科技论坛"活动。我们把环境科技教育和机器人制作作为自己的特色,通过相应的科技教育活动,引导全校学生热爱科学,关注自然,参与动手。学校还出资为每个班级订了一份《上海科技报》。

学生的环境科技课题"城市住宅采光与人的身心健康的关系",涉及地理、生物、心理、历史、政治等多学科领域和卫生、后勤等学校多部门。在校科技教育领导小组的协调下,校后勤部门帮助学生一起制作了试验观测用房;校卫生老师帮助学生联系到杨浦区疾病控制中心调查;生物老师也从某医院购买到了实验用微生物菌种,从而保证了学生科技活动的基本实验能够进行。

二、注重自培,扩大队伍,提高水平

由于我校原有的科技教育师资队伍年龄结构偏大,近几年先后有多名科技教育骨干教师退休和调离,学校及时通过引进人才和就地培训的措施,迅速建立起了一支年龄结构合理、朝气蓬勃的学校科技教育新军。

学校从见习期双带教(2年)、青年教师指导、青年骨干教师培养三个层面,实施"青年教师培养工程":给青年教师压担子,把他们放在风口浪尖锻炼;为青年教师成长搭舞台。在这些校本培训措施中,科技教育都作为重要培训内容。

在"九五"教师培训时,经市教委师资处批准,我校建立了环境教育教师自培基地。此次校本培训得到了市、区有关领导的高度赞扬,为学校积累了培训经验、丰富了教学资源,为我校于2000年被评为首批上海市绿色学校创造了条件,也为学校"十五"校本培训工作的开展奠定了基础。我校在制订"十五"期间的校本培训计划时,以"普及+特色"为原则。"普及"是指学科培训,"特色"是对我校的特色教育项目——环境教育和TI数理技术教育的培训。

环境教育培训内容有:环境与人文环境的关系、如何寻找生活中的环保课题、如何挖掘教材中的环保因素、居住环境与人的心理的调查与研究、如何在综合学科中渗透环境教育、上海的发展与环境的变迁等。

本学期我校投入16万元购置TI实验器材(两年前已投入5万元),在高一年级开设了两个TI数理技术实验班(市教育考试院的实验基地),主要将TI数理技术运用于数学和物理两门学科。目前已有两名数学教师和一名物理教师顺利完成培训,并得到了上海市TI数理技术培训的指导教师资格。我们将"TI图形计算器在理科教育中的实践与研究"作为自培项目。三位市级培训教师不断指导新的理科教师,计划将于2003年底使青年理科教师都能运用TI图形计算器。

学校积极鼓励青年教师参加市、区组织的各种专题性的科普报告,先后有五位教师参加了由市少科站、少年宫组织的环境教育培训班。学校同时在许多政策待遇上给予从事科技教育的教师以鼓励。在评审两位青年教师中级职称和一位中年教师高级职称申报条件时,校领导对于他们的科技教育工作给予了充分肯定。学校不仅及时对在科技教育方面表现突出的教师给予表彰,同时在考察、休养活动的安排上,也给予了政策倾斜。

学校关注科技教育的基础理论研究,每当一个学生科技课题成功地完成以后,学校有关方面总是要求相关教师总结课题研究过程的经验和教训。今年暑期有关"江湾机场生态环境调查"课题确定之后,校科研室马上组织课题立项和课题过程特征研究,并申报了区级课题,从而提高教师的科技教育的理论研究水平。这两年中,学校领导和教师撰写了大量有关科技教育的教科研论文(13篇)。

三、立足实践,面向社会,关注自然

学校重视学生的社会实践,形成了学科教学、研究型课程课题研究和社会实践活动相结合的环境科技教育网络。一批又一批学生走向社会、走进自然,进行调查、研究和志愿者服务。

学校鼓励教师、学生联合广泛的社会力量,以帮助提高我校科技教育的实践水平。2001年11月,我们请上海市环保局专家邓文剑老师给全校师生作了"环保与科技"专题讲座。2002年10月,我们请上海城市管理学院生态系主任陈坚教授给全校师生作了"自然生态规律在城市绿化中的意义"主题讲座。专家们的报告,不仅提高了学生的知识水平,还激发了学生对科学技术的兴趣和爱好。

我校学生课题组先后当面采访和通信咨询过复旦大学生物系、华东师范大学地理系、上海科技馆、上海环境科学研究院等许多科研院所的专家学者。学生们在老师的带领下走访过上海市园林局、杨浦区园林局、黄兴公园、民革杨浦区委、新江湾城筹备处等许多社会管理部门、社会团体,得到了他们对我校科技教育的极大支持和帮助。

我校学生在"见习居委会主任"实践活动中,深入社区进行环境保护宣传志愿者活动。

四、及时总结,加强反思,力求发展

我校的各个学生科技兴趣小组、科技特色社团在近两年的时间里,共获得过全国性学生科技活动竞赛三等奖1次;市级一等奖3次,市级二等奖6次,市级三等奖16次,市级第四名1次,市级展示奖5次;区级一等奖6次,区级二等奖11次,区级三等奖18次,区级第二、三、四、五名各1次,展示奖3次。

我校一年一度的"市东杯学生科技论坛"活动定于每年11—12月举办,论坛成果汇编刊登在校学生科技刊物《人与自然》上。我校学生科技特色社团2001年被杨浦区教育局、杨浦区科技教育委员会评为优秀学生科技特色社团。

在总结科技教育成绩的同时,我们也认识到今后的努力方向:

(1) 由于现代科技的高速发展和全国、市科技竞赛要求的不断提高,我们在科技教育规划上,还有很多有待深入和改善的地方。

(2) 继续把培养科技教育的新人放在重要位置,在培训上还要继续加大投入。我们已经派出两名年轻的计算机教师和物理教师参加由上海理工大学专家组织的机器人科技教育师资培训班,派出两名年轻的计算机教师参加高层次的信息科技培训。我们还将更大胆地把青年教师推到科技教育实践的第一线。

(3) 要建立一套激发学生科技创新和及时发现、扶持科技创新新苗的有效机制,进一步营造科技创新的学校氛围。同时,努力争取高校和科研部门的支持,使学生在全国和国际科技竞赛中能获大奖。

(4) 由于学校面临大规模基建改造,这两年不允许进行专项基建改造,所以目前科技教育活动的硬件和一些兄弟学校相比还存在一定的差距。现在,我们正在结合学校基建改建计划,落实相关的科技教育硬件建设,增加科技教育专用场地,同时努力提高硬件的技术含量,配备更多的仪器和教辅设备。到2004年新学年开始时,我校的科技教育硬件将是一流的。

(本文作者曾任市东中学校长,任期:1997—2007年。此文是2002年12月在市科技教育特色学校复评会上的发言,编入本书时题目有改动)

端正教育思想，积极进行教改

朱关金

我从1979年起，在学校领导的支持下，从三个方面着手，探索既减轻学生负担，又提高教学质量的途径，取得初步成效。

一、用辩证观点正确处理"多、快、难"

片面追求升学率的问题，是影响我们全面贯彻教育方针、大面积提高教育质量的重要障碍。它给许多学校、不少老师带来重重压力。在这样的思想指导下，中学理科教学中出现了"多、快、难"现象。"多"即教学内容多，复习资料多，补充习题多；"快"即开快车，表现为压缩课时，赶进度，提前一年半载结束课程内容，挤出时间抓复习；"难"即片面拔高，国外题、竞赛题、大学下放题层层加码，不断提高难度。多、快、难的一个共同点就是贪多求全，舍本求末，急于求成，拔苗助长，完全违反全面发展的方针，脱离学生实际，违反教学规律。其结果，必然适得其反，欲速不达，降低了教学质量。我认为要全面提高教学质量，必须端正教育思想，用辩证观点正确处理多与少、快与慢、难与易三对矛盾。在教学中，我用少而精取代多而杂，面对大量的复习资料，繁复的教学内容，进行精选、精编、精讲，达到削枝粗干的效果。同时注意培养学生举一反三的能力，使他们学习几个典型例子，便能掌握问题的本质，运用基本原理，解决一大串问题，使少向多转化。贪多求全，表面上看是多的，但食而不化，实质上是少的。正如巴甫洛夫所说："要想一下全知道，就意味着什么也不知道。"教学速度要符合学生的认知规律。刚开始时，由于学生知识较少、技能较差，教学进度要放慢，以便打下扎实的基础。随着学生知识与能力的增长，对所学知识逐步达到懂、会、熟、巧，获取新知识的能力不断提高，教学速度就可随之加快。这就是先慢后快，慢中求快。我从不抢进度、争复习时间，但由于我前面的基础打得扎实，到要复习时，不花很多时间就能做到事半功倍。

解决难与易这对矛盾，关键在于化难为易，在"化"字上下功夫，要化难为易，首先要狠抓基础，使学生双基学得扎实；同时要在指导解题的时候，着眼于培养逻辑思维能力,使学生能自觉掌握解题规律,提高解题能力;此外,还要培养发散思维,使学生能综合运用所学的知识,多种途径地提出问题、解决问题。由于我在"化"字上下功夫,而不是过多地搞难题、偏题,所以几届学生反映难题不难,难题不怕。由于我能以辩证观点指导教改实践,就能以少制多,以慢求快,化难为易,变死为活,就有利于减轻学生负担,提高教学质量。

二、对教材进行灵活加工

当前世界科学技术迅猛发展的形势,使我们感到教材改革的迫切性,必须解决教材相对稳定与不断改进最新技术知识之矛盾。根据这样的指导思想,我按照加强基础、培养能力、发展智力的要求,对现有教材进行了灵活处理。例如,1979年,针对我校理科班学生实际情况,我对上届自编理科教材进行了增、删、补处理,即增加双基练习内容,删去过难过深的大学下放内容,补充初中缺漏的内容。又如对1980、1983届高中化学教材进行分散难点、降低坡度、找出关键、突破重点的加工处理。我又根据"三个面向"的精神,对初三现行化学教材作了较大的加工,将有些单纯知识型的内容改为能力型,将有些单一型的内容改为综合型,将某些纯理论型的内容改为理论与实践相结合型,将某些陈旧型的内容改为现代型,等等。实践证明,这样灵活而科学地处理教材,有利于学生掌握双基,开发智力,扩大知识视野,积极摄取新的科学信息和成果。归根结底,有利于人才的培养。

三、根据最优化的原则,改进教学方法

要改进教学方法,我首先在教育思想上作了几个转变。其一,从教师为中心的思想转变为把学生看作学习的主人,既发挥教师的主导作用,又充分调动学生的主动性与积极性。其二,将"灌"变为"启",重视智能的培养。其三,用辩证观点实事求是地分析各种教学形式与教学方法的优缺点,克服形而上学和把问题绝对化的看法。

我从1979年开始就注意研究学生,并在"启"字上下功夫。例如,用问题变式法,组织学生讨论,不断勾起学生认知上的冲突,诱导学生积极思考,创立一切机会让学生多动手、多用脑,使各种感官积极活动;组织多种形式的练习,培养学生的兴趣。通过学习,我又了解到前人已创造出多种多样的教学方法与教

学形式，如讲授法、复现法、讨论法、发现法、观察法、导引法等。这许多方法各有其优缺点，各有其使用的条件与范围，不能绝对化。教学上没有灵丹妙药，重要的是教师要善于根据学生实际、教学内容、教学目的和自己的特长，综合运用几种最切合实际的教学方法与教学形式以取得最优化的教学效果。例如，最近对区公开的实践课中，我根据不同情况，在不同的教学环节中把复现法、观察法、导引法综合起来运用，发挥各种教法的特长，使知识强化、能力训练、形象性与趣味性的教学要求都能达到。

七年来，我努力改变不适应社会主义现代化建设的教育思想、教学方法和教材内容，取得了比较显著的教学效果，历届学生的化学考试成绩都能达到市优秀水平，获得大面积丰收。有十篇学生小论文被市教育局选中，在几个区传阅，其中三篇在中学理科教学杂志上得奖。我自己写的《减轻学生负担，提高教学质量》一文获得区科研一等奖。新的时代向广大教师提出新的挑战，也给广大教师带来了新的活力，鼓舞我们在改革中奋进。老一辈教育家吴玉章说："人生在世，事业为重。一息尚存，绝不松动。东风得势，时代更新，趁此机会，奋勇前进。"这应该成为我们教师的座右铭。

（本文作者时任化学教研组长，系市劳动模范）

市东中学特色教育巡礼

张　群

如何遵循教育规律，根据学生心理发展的不同阶段，使学生的个性得到充分的发展，从而全面提高学生的素质，是摆在我们教育工作者面前的一大课题。在这方面，市东中学的领导和教师近年来作了不懈的努力和有益的尝试。他们着眼"三个面向"，立足本校传统，摆正继承和发展两者间的辩证关系，以创办特色为突破口，使学校教育生机盎然，色彩纷呈，取得了丰硕的成果。

劳技教育，是市东中学的传统特色，有其悠久的历史。市东中学地处杨浦，是劳动人民聚集地。针对这一地域特点，早在20世纪50年代老校长吕型伟就十分重视劳技教育，把它纳入教学计划，颇有极其宝贵的经验。现任校长朱耀庭明确指出劳技教育是普通教育的重要组成部分，把劳技教育看作发展学生个性、培养完善人格的不可缺少的手段，是由"应试教育"向"素质教育"转轨的必不可少的途径。学校场地虽小，却辟有电工室、电子室、钳工室等一系列劳技专用场所。在课程教材改革的今天，市东中学的劳技教育更有着蓬勃的发展、喜人的成绩。市东学生在上海市第一到第六届"中学生劳动技能金锤奖"比赛中，获得一等奖的共有18人，二等奖的共有20人，三等奖的共有14人，获奖人数雄居全市中学之首。在杨浦区第一到第六届"中学生科技节"活动中，市东中学六次蝉联团体一等奖。近年在市级计算机比赛中，市东中学也有1人获得一等奖，4人分获二等奖和三等奖。去年五月，中央五部委到市东中学视察，对市东劳技教育评价甚高，市东中学被评为"劳技特色学校"；1995年，市东中学劳技组被评为"上海市先进教研组"。近年来，市东中学在全国、全市环保知识竞赛中屡摘桂冠。1992年4月，杜惠荣同学获得"环保调查报告答辩竞赛"全国一等奖，在人民大会堂接受国家环保局局长曲格平和联合国儿童基金会代表颁奖；1992年8月，俞震同学以青少年科技代表身份前往香港，参加"香港联校科学展览会银禧庆祝展"，向世界各地代表展示上海中学生环保科技成果；1995年8月，黄晓盈同学荣获联合国环保组织创办的"全球青年论坛"课题竞赛特等奖，代表我国中学生前往联合国总部答辩。在全国第一、第二届青少年百项科技活动中,市东中学"生物与环境"系列科普活动,连续两届被中国科协、国家教委评为"全国优秀活动奖"。

把优秀影视片纳入教育、教学计划,以形象化的语言对学生进行爱国主义教育,也正成为市东中学的办学特色之一,我们有意识地把影视教育引入政治、语文、历史和地理四门学科。1994年,中宣部、国家教委以及市、区领导多次莅临市东中学视察,并召开现场会,给市东中学的影视教育以高度的评价,市委副书记陈至立同志曾在市东中学的影视教育活动现场欣然题词:看爱国主义影视,做热爱祖国新人。1995年,学校被评为"上海市中学爱国主义影视教育先进集体"。市东中学影视教育的经验正在全市乃至全国推广。

市东中学在创办之初,本是一所双语学校。而今为了发扬这一传统,市东中学从1992年秋季起开设外语特色班。在1995年杨浦区科技英语初中部竞赛中,初二学生裘伽伽荣获一等奖,另有六名学生获得二等奖或三等奖。特色班学生黄晓盈赴美参加"全球青年论坛",以流利的英语宣读论文并进行答辩,赢得好评,并在1995年文科类高考中总分名列全市第六;同班学生钱瀚卿则是上海外国语大学当年所录取新生中的总分第一名。

市东中学是一所历史悠久的学校,已走过九十年的漫长历程,而今在"创特色,争一流"的春风沐浴下,正焕发着亮丽的青春。

(本文作者曾任原市东中学副校长,后任控江中学校长)

我的市东情结

吴兴唐

市东是我人生旅途中最重要的里程碑。我对市东,说不清是情、是爱、是敬,或是这几种情感的融合。回顾以往,对市东的培育之恩充满感激之情。

从 15 岁到 20 岁,青春年少,市东给了我知识、学问和人生的方向标。从 1950 年到 1956 年,火红年代,我在市东随着时代的脚步度过了难忘的岁月。

从初中到高中,整整六年时光,我在市东先后加入了共青团和共产党,担任过班长、团支部书记和初中团总支书记、团委宣传委员、团委副书记。我在市东受到的是德智体美全面教育,得到的是学校师长、党团组织的帮助和社会活动的锻炼。

市东校友,除上海外,恐怕最多的是在北京。在北京有一个市东校友组织。每当吕型伟校长来京,无论他多忙,安排的活动多紧,他总是要抽出时间来,同他的学生们相聚和交谈。我们都十分乐意参加这样的活动。我们可以听到市东的哪怕是点点滴滴的新消息。特别是吕校长带着绍兴官话腔的生动有趣的谈话,仿佛把我们带到了遥远的过去,引发我们美好的回忆。

一次,吕校长向大家说,告诉你们一个好消息,经过多年努力,市东中学要扩建了,要造新的楼。这时,我脑海中突然出现市东那幢三层西洋式主楼的形象。我立即向吕校长说,请你转告现在学校领导,千万不要把这幢旧楼拆了,我在《上海滩》杂志上读到过一篇文章,说市东中学的这幢楼已经是文物级的建筑了。我这样唐突,是因为这幢楼在我心目中和梦中已经成了一座圣殿了。

吕校长问:你们对市东印象最深的是什么?我脱口而出:礼堂,小礼堂和大礼堂。主楼底层有一个小礼堂,小而幽暗,有点像欧式家庭室内乐室。小小的讲台,厚厚的木板长条凳,欧式的窗户,形成一种特有的现在难以找到的风格和氛围。

当时我们有政治课,学习社会发展史,这个小礼堂是政治思想教育的主要场所。我和我的同学们在这里接受政治洗礼,形成和确立正确的理想、信念、世界观和人生观。这里举行过许多次时政报告会和讲座。吕型伟校长几乎每个星期都要向全体学生讲一次话。他讲话的主题十分丰富,有国际国内形势,有当时频繁的政治运动形势(抗美援朝、上地改革、镇压反革命、"三反""五反"、社会主义改造、向科学进军),也有对学生的期望和要求(堂堂正正做人,实实在在做事,遵守学生守则,争当"三好学生")。

政治运动和社会工作锻炼了我的思维方式、工作方法和活动能力,使我终身受用。也正是这间小小礼堂,成为当时青年团的活动基地,在这里上团课和举行入团宣誓仪式。当时市东的团组织活动是十分活跃的。我被派去团市委礼堂和文化广场听报告,回来后在小礼堂召开全体团员大会进行传达。吕校长要求,传达时不要照本宣科,而是要根据学校实际情况和同学思想状况进行讲解。我努力按这个要求去做。

游行也是经常的事,庆祝和抗议游行都有。一类是"五一""十一"的庆祝游行,都是从市东出发,步行到人民广场接受陈毅市长的检阅。参加游行的同学都要自带干粮,沿途有里弄组织供应开水。另一类是临时性游行,往往同政治运动有关,如反对美帝侵略朝鲜、抗议美国飞机轰炸上海、击退国民党反攻大陆妄想、拥护社会主义改造运动等。这类游行,按团区委布置,在规定地区进行。

游行的动员和组织工作由共青团负责。要动员和编队,制作旗帜、横标,书写标语口号。游行队伍穿插秧歌队、腰鼓队和活报剧演出队,事先都要经过排练。每次游行之前都要出一期黑板报。当时黑板报是学校的重要宣传阵地,用以交流各支部的活动信息和反映思想动态。每期由我主编,并写一篇简短的编者按语。游行的各项准备工作,政治性强又要十分细微,不能出任何差错。有时工作到很晚,我就在小礼堂的一角席地而睡。

学校团委还组织几个精干的小分队,进行社会活动。在镇压反革命运动期间,小分队进行护校活动,组织揭发反革命分子罪行大会。在抗美援朝初期,小分队深入里弄居民区,宣传党的政策,消除居民中存在的"崇美、亲美和恐美"思想。20世纪50年代初,不法分子倒买倒卖银圆活动十分猖狂,严重扰乱上海金融秩序,小分队配合公安人员到大街上去抓捕这些投机分子。也在50年代初期,上海发起大规模禁毒(当时毒品主要是鸦片)运动,小分队就配合里弄居民组织,到吸毒人员家中,同家属一起进行规劝,要求吸毒人员写出保证书并提供毒品来源线索。小分队分片包干,定期复查,做到不漏掉一个吸毒人员。由于上面这些任务有连续性又有突击性,我作为组织者之一,同一些同学一起也经常在小礼堂里或小礼堂边上的教室里过夜。

团市委和团区委要求学校团的工作形式多样、生动活泼,符合青年人的特点。市东团委在这方面是做得好的,多次受到团区委的表扬。

在宣传党的政策和形势教育方面,团委经常组织专题的报告和讲座。我们还建立了读报制度。要求每班的团支部宣传委员每星期读报一至两次,每次半个小时,方式上要求不能照报纸上一篇文章一篇文章地念,而是要综合讲解。我在我自己班上读报。过一段时间,召开宣传委员会议,交流经验。这对我后来的国际问题研究工作很有帮助。

学校领导十分重视学生的文体活动。规定早晨上课前要进行半小时的体育锻炼,项目可以自己选择。当时市东的足球队在全市中学中也是有点名气的。有些女同学有时也在操场上踢足球,这在当时是很新鲜的事。下午两节课之后都有一节课时间在主楼南边小广场上进行文娱活动,跳集体舞或做游戏。团委积极配合学校领导做好这项工作。我同各班文娱委员商量后组织一次以各班为单位的全校性化妆舞会。不是化妆成王公贵族和神仙妖怪,而是每位同学根据自己的理想进行设计,如船舶工程师、船长、科学家、医生、海陆空军军官等。

我们还组织过一次大型篝火晚会。在操场用石灰粉画出一幅中国地图,内有东北、西北、西南、中南、华东、华北几个区域。全校同学按上述六个区域分成六个队。每队学生按照所在区域特点进行装扮。每队自己进行联欢,然后进行相互访问联欢。

暑假期间组织夏令营,同杭州、苏州等地对口中学进行交流。组织到佘山和大公园进行野营活动,到复兴岛参观造船厂和进行划船比赛。

小礼堂南的上方有个回廊,回廊东头有个图书馆。图书馆小而暗,但藏书不少,对当时的我来说可以说十分丰富。我也从此养成了爱好读书的习惯。虽然它没有阅览室,但借阅十分方便,我可以在书架上任意选择。当时,我借阅了《共产党宣言》和列宁、斯大林、毛泽东著作的单行本;读了鲁迅、郭沫若、巴金的作品以及苏联的文学作品,还几乎把图书馆藏书中的法国、苏联和英国的古典文学作品都读了个遍。

小礼堂南边是一排教室,中间隔着一条走廊,东西两头都各有一个门。西门的西南方有座约七平方米的坚实小屋,就是当时的团委办公室。我几乎每天下午下课之后都到这里来开会,进行座谈或谈话。傍晚学校安静下来后,我独自一人在这里看书看报,有时忘记了回家。东门的东北方也有间低矮的小屋,那是音乐室。音乐老师弹着肖邦的钢琴曲,我们和着节拍进入室内。我们在这里高唱《没有共产党就没有新中国》《解放区的天是明朗的天》《咱们工人有力量》,也唱《团结就是力量》《你是灯塔》和《新四军军歌》,还唱《夜歌》《红河谷》《州》《夜曲》和《摇篮曲》。

当时上海解放不久,我们的教科书都很简单,也没有辅导读物。这当然是个缺点,但也有好处。老师可以运用自己的知识在课堂上自由发挥。而学生则必须在课堂上集中精力听讲。当时市东老师的专业知识和其他方面的知识都很丰富。如:音乐老师讲诗词同音乐的关系;体育老师讲解体育运动同情绪、心理健康以及生理敏感度的关系;语文老师谈说文解字的小故事;美术老师结合他的巡回作品展讲解美术流派;英语老师在课堂上请学生们排演英语儿童短剧;数学老师讲课中穿插些莎士比亚和萧伯纳的小故事;化学老师杨国英是我们班的班主任,她创造了一套科学的教育方法,而且十分重视学生的素质教育。

市东名气越来越响,市东的学生越来越多。小礼堂已经容纳不下了,于是在主楼南边的小花园里建造一座大礼堂。这座新建的大礼堂可能是当时全市中学中最为简陋的建筑。稻草顶,木条门,从小礼堂搬来的长条木凳。有了新礼堂后,增加了放映电影场次,几乎每周有一次。当时放映的主要是苏联电影,有《真正的人》《青年近卫军》《卓娅和舒拉的故事》《金星英雄》《乡村女教师》等,这也成了我们政治教育的一个组成部分。在当时崇尚俭朴的风尚中,我们为此而自豪。后来我读到了《陋室铭》,更感到这座礼堂多么值得怀念。

在新礼堂,吕校长还是几乎每周讲一次话,还是那样生动、风趣、深入浅出和引人入胜。吕校长是我学习的楷模。我决心学习他的思辨能力和语言艺术。毕业的时刻到了。在大礼堂举行的毕业典礼上,吕校长发表了热情的讲话,对毕业班的同学们寄予厚望。我代表毕业生讲了话,表达了同学们对学校领导、党团组织和老师们的衷心感激之情。

从市东毕业后,我考上北京外国语大学。大学毕业后,我一直从事外事工作。多少年来,我走过国内外许多地方,岁月也不断流逝,但无论何时何地,我都始终怀着一种市东情结。

(本文作者是 1956 届校友,曾任中联部研究室主任、新闻局局长和国际交流协会总干事)

学生心目中的吕校长

王先彪

在获知市东母校与吕型伟、张宗炎二位校长同年过 90 大寿的消息时,我一下子兴奋起来,无限深情地回忆起在市东读书时的朝朝夕夕、点点滴滴。

我是在 1952 年"教育向工农开门"时进市东的。由于家境贫寒,学校每月给我 7 元钱助学金,让我可以在校吃一顿午饭,摆脱了半饥少温生活。天亮了,解放了,我一定要好好读书,不辜负党和人民的培养。9 月开学了,11 月 17 日我宣誓加入新民主主义青年团,当上班团支部书记,直升高中后进团委,非常热心学校团的工作。1958 年考进中国科技大学,1963 年毕业被分配到中科院上海分院工作,直至退休。

我或者说我们一家都与市东分不开,可以说世界上有了市东,而后才有我和我的夫人以及我们的儿子组成的这个三口之家。我的夫人蔡瑞虹也是五十年代市东的学生,我们的儿子蔡煜东(从母姓)八十年代毕业于市东中学,所以,我们一家聚在一起谈得最多最起劲的话题是市东的过去和对市东美好的期待。因为市东给予我们太多了,让我们印象太深了。

印象最深的自然是市东的教育教学。五十年代的市东,是在吕校长主持下发展兴旺起来的,对整个上海的基础教育有先走一步的影响。

吕校长给我第一印象是在我们初一新生的开学典礼上。他站在讲坛上招呼:"同学们,坐好啰!"绍兴口音,儒雅得很。以后,校会、周会多是吕校长亲自主持讲话。场上很安静,我们时而感触地颔首,时而会心地微笑。他平和地娓娓道来,如春风细雨,丝丝缕缕滋润着我们年轻的心田——听校长的讲话,简直是一种享受。吕校长很重视课堂教学。他深入少先队大队部,听学生对老师讲课的反映,他经常到教室里听课,坐在最后一排,边听边记。课后与老师探讨,据杨国英老师说,吕校长听课后,一定会提出意见,细致入微。

吕校长主张学生要全面发展,讲求"文理并重、理实交融"。这是老校长教育思想的精华,完全符合中学基础教育的目标和规律。

我们初三时的政治课由周先达老师讲,他没有空洞说教,而是结合这一特定时期，讲了许多历史社会知识。高中上历史课，历史学家王育民老师在课堂上，不时吟诵唐诗宋词，将历史知识和文学知识有机地结合起来传授给学生。老夫子朱定钧先生讲鲁迅的《记念刘和珍君》，讲到动情处，捶胸顿足，声泪俱下，在座无不为之动容。文史哲课程传授了阅读写作知识，也陶冶了学生性情和心灵，使学生明白了做人做事的道理。理科教学也很有特色。学数理化生根本上是要领会基本概念和定义。化学老师杨国英从原子能角度讲什么叫元素。物理老师王仁睽讲力学，从放爆竹引出地心引力，从加速度引出"厘米克秒制"量纲，很形象，很深刻。数学老师王学镛在每节课的前十分钟内，用提问的方式将本节课的新内容讲完，然后带我们做练习巩固，完全是启发式的。他说只有动过脑筋的东西才是属于自己的。我初中平面几何课是化学老师杨国英上的，可见老师的学问之广博，底蕴之深厚。在学生心目中，老师是无所不知，无所不能的。

数理化的教学，在让学生系统地掌握基本概念、基础理论之外，还特别重视实验和实习，培养学生的动手能力。高二时，每周有半天去辽阳路校办工厂学做钳工。高三时，上汽车课，老师从汽缸容量、冲程、排挡讲起，末了，每人须上汽车把握方向盘绕操场跑道开一圈。写到这里，自然想起那个时候母校的"孩子王"团委书记崔鹏飞老师。他是我们的良师益友。他全身心扑在工作上，无论寒暑，每天清晨6时许必然到校，夜深才回家。我和我夫人都做过市东团委副书记，亲身体验过他的言传身教。我们一生做人做事的道理，许多就是从他那儿学到的。他是我们一生的榜样、楷模。1956年，为支援高校的发展，市东输送了十几位老师去高校任职。记得体育组组长姚明华老师就被输送至同济大学任副教授。

市东中学之所以会拥有如此强大的师资力量，主要是因为吕校长的魅力，更是因为他的心血。他四处奔走，登门拜访，兼容并蓄，广纳才贤，其中的辛苦是可想而知的。而许多老师正是冲着他的诚恳、苦心和怎么形容都不算过分的儒雅魅力而心甘情愿地投入到市东门下。

扎实的基础教育使每个学生在高三毕业时，都能"文武双全"，绝大多数能适应高等教育，也能直接进入社会从事各行各业。学校对特长学生的成长也给予了空间。这一点延续到张宗炎先生任校长的八十年代。我的儿子蔡煜东获得1985年上海市中学生数学竞赛第一名，是由数学老师郑道申选送参赛的。

后来他到复旦大学先后读物理和数学,毕业后,去英国进行生物学领域的深造,做生物信息学、系统生物学研究,如今在国际上在这一小领域中已小有名气,应当说,这首先是市东的全面扎实的基础教育的结果。

如果说"文理并重、理实交融"是吕校长教育思想的精华,那么他关于"堂堂正正做人,实实在在做事"的教导更成为我们市东人的人生坐标。市东需要重塑辉煌,吕型伟教育思想的宝库也需要深入挖掘、传承下去、发扬光大。这是我们校友的责任,更是在校师生的责任。

我们期待着十年之后再聚会,欢庆市东母校和敬爱的吕校长、张校长的百岁诞辰!

(本文作者是1957届校友,系中科院上海分院研究员)

祝福您,母校

朱曼黎

1960年8月某晚,随着汽笛的一声长鸣,火车徐徐驶离上海车站。从此,我告别了故乡,告别了辛勤培育我六年的母校——上海市市东中学。

四十六年时光,犹如弹指一挥间。在阔别母校的岁月里,我的脚印洒落到祖国的大好河山和世界的不少角落。在"中国外交官的摇篮"——北京外国语大学,我泛舟于知识的海洋。在惊心动魄的"文革"风暴中,我上山下乡,锤炼自己的人生。作为访问学者,我在改革开放初期步入哈佛大学等美国著名高等学府。为了祖国的外交事业,我的足迹遍及世界五大洲。在担任中国人民外交学会秘书长和副会长、中国驻荷兰王国特命全权大使、中国驻禁止化学武器公约组织代表期间,我努力履行职责以报效祖国和人民。四十六载是漫长的,但是,无论我走向何方,我从未忘怀我的母校和呕心沥血培育我的师长们。每当想起或提及上海市市东中学,发自内心的自豪和感激心情油然而生。

我为母校市东中学而自豪,因为它历史悠久,传统优良,师资素质高,树人成就斐然。近九十年来,尤其是新中国成立后,它不分贫富,不分背景,不分性别,有教无类,为国家培养了一大批有用人才。市东的校友遍及祖国各地,他们在政治、经济、科学、医学、外交、体育等领域为国家的发展和人民福祉的提高辛勤工作,默默奉献。我的同届校友中就包括国有大型企业负责人、科学家、医学专家、跳伞国家纪录获得者。几年前,我有幸出席徐匡迪市长主持的小型活动。席间,我高兴地注意到,不到十名与会人员中,有两位是为故乡发展积极奉献的副市长,他们均是上海市市东中学校友。

我感谢母校市东中学,因为它治学严谨,注重全面培育学生素质,努力为学生步入社会"堂堂正正做人,实实在在做事"奠定良好基础。多年来,师长们谆谆教诲和促进我们谋求德智体全面发展的动人情景时时在脑海浮现。老师们严格要求我们学习好各门功课,扎实打下文化知识基础:荣获市级模范称号的化学老师一丝不苟地指导我们完成化学实验,几何老师不厌其烦地解答数学习题,俄语老师反复带领我们发准每一个俄语语音,动植物课老师千方百计地启发大家对这些学科发生兴趣……他们热情鼓舞我们去校办工厂、矿山机器厂、崇明岛等处学工、学农,去接受劳动锻炼及考验。他们组织我们去棚户区做扫盲宣传,去街道参加爱国卫生大扫除,推动我们向人民学习,向社会学习。他们不顾大雨滂沱,兴致勃勃地站在大操场上观看我们班的军体训练表演,频频地为学生们严格准确的队列行进、卧倒、持枪等动作鼓掌喝彩。他们心疼我们这些满身泥水的学生们,同时又为学生们在体格、纪律、意志方面经受住了考验而感到高兴。在老师们的殷切教导和热情关怀下我们健康成长,综合素质不断提高。严肃、紧张、活泼、丰富多彩的母校六年中学生活使我终身受益。俗话说"十年树木,百年树人",上海市市东中学九十年树人成果卓著。我衷心祝贺母校在过去的岁月里取得了辉煌业绩,并热切期望她在中国大步迈向富强小康宏伟目标之际,为国家培养出更多的有用人才。衷心地祝福您。

(本文作者是1960届校友,系中国驻荷兰原特命全权大使)

走出国门的环保娃娃兵

——记市东中学环保科技小组

梅慧敏

特写镜头之一:1995年8月9日,美国加州大学旧金山分校,联合国环境署在此举办第11届"全球青年论坛"。只见一位黑头发、黑眼珠、黄皮肤的女中学生,代表中国亿万青少年,将五星红旗举到主席台上,然后从容地登上讲坛,清晰、自信地用英语向大会作"抗污树种的研究和推广"主题报告。严密的论据、彩色的图片、逼真的标本,使与会的来自90余国家的千余名代表深深折服,赞叹不已。

特写镜头之二:香港,"第25届联校科学展览"现场,一位来自上海的中学生侃侃而谈,向香港市民、学生们详细介绍抗污树种,引起观众极大兴趣。

特写镜头三:上海交通大学,"上海市第6届青少年亿利达发明奖"答辩现场,5位德高望重、资历渊深的著名大学的校长正襟危坐,对"常绿树种抗SO_2特性的研究"提出了一系列有深度的问题,得到的是令人满意的回答。由此,一致同意将"第6届青少年亿利达发明二等奖"颁给此项研究。

这些镜头,不是电影中的蒙太奇,而是发生在中国上海市东中学环保科技小组身上的真实而感人的故事。

一、他们做了许多大人没有做的事

几年前,一个偶然的机会,学校环保科技小组的同学们在对学校、劳动公园、沪东船厂的雪松进行调查时发现,雪松对环境中的SO_2气体极为敏感。沪东船厂的雪松长得好,那里大气中SO_2浓度日均值仅0.08 mg/m³,而雪松长势不好的劳动公园内,大气中SO_2浓度日平均值高达0.43 mg/m³,大大超过国家三级标准(0.25 mg/m³)。即使这样,劳动公园中仍有一批树木长势较好,这一意外发现让师生们把研究精力集中于抗污树种。

接着,环保小组为寻找抗污树种,做了大量艰苦、细致的研究,翻阅了许多有关资料,请教了不少专家,最后在华东师范大学教授的帮助下,借助自动测硫仪,对树叶含硫量进行了测试。他们分别以劳动公园和沪东船厂为点,选同样8

种常绿树(广玉兰、棕榈、夹竹桃、海桐、珊瑚树、慈孝竹、桃叶珊瑚和雪松)各3—5株,在树的东南西北四个方向采集树叶并烘干粉碎过筛,制成分析样品,测得各树种的叶片含硫量。结果不仅证实了广玉兰、棕榈等树种确实属抗污树种,还揭示了雪松等敏感性树种可以作为大气污染的"天然监测器"。特别值得一提的是,研究中还发现一种未见报道的抗污树种——桃叶珊瑚树,它在重污染区长势良好,且叶片含硫量明显高于其他树种。

同学们的研究成果得到专家们的充分肯定,被评为第一届全国青少年生物百项活动评选优秀项目一等奖。但是他们认为,应该将"科学技术的恩惠洒向人间",把抗污树种推向社会。于是在一个植树节前,他们向森林公园、杨浦区的凤城街道、同济大学、控江中学、新华医院、上海冶炼厂等几十个单位发了一封封特殊的推荐信,信中写道:"杨浦区是上海最大的工业区,污染集中,大力开展植树绿化工作,将有助于净化空气,改善环境质量。但是我们注意到,由于树种选择不当,长期的污染使其长势衰弱,甚至枯萎,达不到绿化的目的。为此,我们通过大量的调查分析研究,确定了一批适合当地种植的抗污树种,编制了《抗污树种表》,现将此表推荐给你们,希望你们在植树时注意选择适宜的树种,使其不仅能在污染地区茁壮成长,而且不断吸收有毒有害气体,以达到绿化、净化、美化环境的目的。"

学生们还将几十种抗污树种精心制成了蜡叶标本,并注明树种名称、科属和抗污染特性,巡回展览,供人们了解识别。还制作了一大批标牌,悬挂在各抗污树种的枝条上,帮助人们增长环保知识,自觉爱护抗污树种。他们的巡回展一直办到了香港(本文特写镜头之二)。香港市民仔细询问了新抗污树种——桃叶珊瑚树的栽培知识,期望在香港广泛种植。

他们还在《中国环境报》《上海青少年科技报》等报刊上发表关于抗污树种的科普文章。

1995年6月,学生们特地致函市园林局、市环保局,信中说,为使抗污树种的推广工作在全市范围内蓬勃开展起来,建议在上海环保或绿化条例中增加推广种植抗污树种的有关条例,在法规上加以肯定和保护。1995年6月,与全市20所重点中学40多名学生激烈角逐,环保小组组长黄晓盈以其《抗污树种的研究和推广》一文荣登榜首,从而作为唯一的中国青少年代表首次出席"全球青年论坛"(本文特写镜头之一)。美著名青年音乐家Reed Jules Op-penheimer 听了报告后大感兴趣,他说自己也是从事树木与大气污染关系研究的,希望今后能相互深入探讨,他郑重地把一盒自己录制的音乐磁带 The Tree Song 签名赠送给黄晓盈。美国一中学校长看了《中国日报》的报道(1995年8月6日)后,特地写信到学校,对学生的活动表示赞赏。新加坡一青年不仅索要了报告全文,还希望得到《抗污树种表》。一郑州来沪出差的同志看了《解放日报》的报道后,专程到学校了解新抗污树种的栽培法……如今,抗污树种正以它特有的魅力吸引着无数的人。

成功了!环保小组获得了巨大的成功!但是他们的脚步并未因此停下来,而是继续向新的目标前进。1995年,他们的《谈谈建造科学的医院绿化系统》论文,参加"我为上海绿化作贡献"竞赛,被评为"上海青少年生物百项活动一等奖"。他们还针对上海市城市绿地严重匮乏的现状,开展了城市垂直绿化的研究和实践。林林总总,我这里不可能一一列举。总之,这些可爱的孩子们为上海环保绿化事业作出了太多的贡献,他们做了大人没有做的事。

二、师生同谱环保曲

介绍市东中学的环保科技小组,不能不提及他们的指导老师史美芹、周大来。他们给人的印象是文质彬彬、淳朴而富有智慧,是典型的中国式的中年教师。在我与他们的多次接触中,他们从未提到自己的功绩,但当讲到自己的学生时,眼中立即流露出喜悦和爱抚之情,谈到学生们的成绩,他们更是兴奋、自豪,如数家珍般滔滔不绝。环保小组坚持活动了一年又一年,学生们得到一次又一次荣誉,但是他们仅把自己所做的看成是教师的分内事。对于一个教师来说,园林、绿化、环保,这一切是多么陌生,要资料没资料,要技术缺技术,要信息如茫茫大海何处寻,面对困难,他们怀着一颗对我国环保绿化事业的赤诚之心,凭着人民教师的强烈责任感,更含着对学生的一片爱抚之情,以认真求实的态度,一步一个脚印,攻克了无数的难关,带领学生们在环保绿化领域里驰骋。

学生在参加环保科技小组的活动中收获更大,这里我摘几段他们自己的话,听来颇受启发。黄晓盈(复旦大学毕业,现为某跨国公司的法律顾问)说:"虽然我们是学生,但只要有一颗热情的心,是能为社会事业、环保事业做一些事的,虽然可能微不足道,但'净化环境,人人有责'应从我做起。所以参加决赛时美国考官问我'1996年你最想做的事是什么'时,我毫不犹豫地回答说'在全市宣传我们的研究成果,有可能的话走出国门,让大家都知道抗污树种。'环保小组活动让我觉得进入了一个新的天地,使我更迅速全面地成长。"罗颖同学说:"我由衷地感到,环保小组是一个文理结合、手脑并用的兴趣小组,需要我们有丰富的生物和地理知识。我们认识了许多就在身边但从未关心过的植物,这使我突然感到大自然的美妙绝伦,让我倍加珍惜身边的环境。"董晓同同学说:"参加了小组活动才知道科学工作十分艰苦,但能锻炼人的意志。我曾参加种爬山虎,因它们种在楼下的花园,我必须每天从楼上拎一桶水下去为5株爬山虎浇水,好几次都不想干了,但看到爬上墙的绿叶,最终还是坚持下来了。我将为改善祖国的环境面貌而努力。"

三、保护环境是全社会的事

环保是全社会的事。市东中学的师生告诉我,若没有社会的支持,环保绿化工作是难以开展的。我想,他们的抗污树种课题一次次得奖、获殊荣,并不是因为他们的成果有多么高深或重大的突破,而是因为他们的研究和推广是对社会有意义的,因而得到了社会的承认、重视和支持。黄晓盈同学赴美参加"全球青年论坛",就是上海庄臣公司慷慨援助的,环保小组进行树叶测硫分析时,华东师范大学环科系主任宋永昌教授大力支持,破例在寒假为他们开机测试。"常绿树种抗SO_2特性的研究"报告出来后,与师生们素昧平生的中国科学院上海植物生理研究所的世界著名环境生物学家余叙文先生应邀为同学作专题报告,还认真修改了研究报告,写下了鉴定意见。

我们的新闻媒介《中国日报》《新民晚报》、新华社、中新社等对环保小组的科研成果予以极大的重视和支持,及时向社会报道。

难怪一位俄罗斯的教师代表看到黄晓盈的图片中有国家一等奖的奖状时,感慨地说:"你们的活动能得到国家教委、国家科委部门的表彰,说明了中国政府对青少年环境保护工作的重视和提倡,这真不容易。"

是的,市东中学环保小组的活动不是孤立的,他们的身后,是亿万人民,是整个巨大的社会。"我们只有一个地球",生活在同一地球上的人们若不赶快觉醒,行动起来保护自己的生存环境,还期待什么呢!

(本文作者系《上海科技报》记者)

杏坛伟岸　桃李流芳

一

时间停滞。
定格了生命的年轮
定格在二〇一二年七月十七日。
我们，您的孩子们
轻轻地抚着
您用智慧镌刻下的
那一道道印痕
时光
珍藏了您九十五个春秋的记忆，
记录下您九十五个春秋所经历的
风风雨雨，
然后在今天，
向我们，您的孩子们
细细讲述着

二

古人说，三十而立。
可曾想
初出茅庐的您
在暴风骤雨的岁月里
撑起了市东的天空。
您，以一个共产党员
英勇无畏的气概
把一所背景复杂的旧中学
改造成工农子弟成长的园地。
您，以一个教育家的胸怀

保护着市东每一个学子，
俨然就是他们的父亲，
呵护着
年轻的心。
从此
市东中学的历史上
留下了您的浓墨重彩，
而在您生命的长河里，
描绘出一抹亮丽的风景，
任沧海桑田，斗转星移。
当太阳，从城市的东方升起，
照亮市东每一间教室的窗棂
也就同时照进了您的心里。

三

也许，人们已经数不清
您给市东，给上海，
给中国的教育
留下了多少丰硕的遗产。
但我知道，
直到今天，也有
头发花白的老人
坐在时光的某个角落
幸福地回忆那些
让他们一生受用的课。
那朴素的
跨越几十年的谆谆教诲
仿佛从未沾染过
岁月的尘埃。
您还有无数的创举，
"三班两教室"让更多学生

有了走进课堂的机会,
"第二课堂"让孩子们
有了学以致用的广阔天地,
"一纲多本"让上海
有了自己的教材和考题。
您,把您的全部心力
毫无保留地
献给了学生,献给了教育。
捧着一颗心来,不带半根草去。
您,用您的一生,
推动着中国教育的车轮
滚滚向前。

四

在孩子们的眼里
您是一位慈祥的长者,
包容他们的奇思怪想,
体谅他们的少年情怀。
您对教育和生活的热爱,
让您对每一个年轻的生命
都报以最大的善意。
您把自己比作一个云游和尚
将足迹踏遍黄河两岸,大江南北。
燃尽自己晚年的生命
烛照着中国教育每一片
希望的田野。
其实,我们知道
您心中魂牵梦绕的家园,
在上海,在市东中学。
80周年校庆,您回来了。
90周年校庆,您回来了。

虽然今天,您已静静地睡去,
未能实现百年校庆故地重游的心愿
但我们分明感到,
您从未离开过我们。
教育是事业,其意义在于奉献;
教育是科学,其价值在于求真;
教育是艺术,其生命在于创造。
这是您对教育的思索,
是引领后辈前进的火把。
落红不是无情物,
化作春泥更护花。

五

就是这棵大树
慈爱地伸展开手臂
把绿荫
洒向他所呵护的这片土地。
这是一片繁茂的杏林
在这里
先哲曾开坛讲学,
有教无类,因材施教。
历代园丁的耕作
使这片杏林枝繁叶茂。
杏坛伟岸,桃李流芳。
抚摸这九十五道深深的年轮
我们,您的孩子们
也将用一生的时间
陪伴着一届又一届的学生
与他们一起走过
他们的青春岁月。
这缘于

传道的精神、时代的召唤；
青年的激情、教育的使命。
更源于每一个市东人
堂堂正正做人，实实在在做事的
精神内核。
当太阳升起在城市的东方
我们愿以每一天兢兢业业的学习和工作
迎来满园桃李尽芬芳。

(本文作者为市东中学校友)

附录 2

吕型伟主要教育轨迹

1918年5月25日出生在浙江省新昌县羽林街道藕岸村一个农民家庭。

1932年考取浙江省新昌中学。

1935年，初中毕业，在"教育救国"的口号影响下，17岁在东茗乡白岩村偏僻山沟的一座破庙里办起了当地有史以来第一所学校。

1937年考入杭州师范学校（抗战期间合并成浙江省立临时联合师范）。

1943年考入浙江大学师范学院。

1946年大学毕业，在上海私立群英中学任教。

1947年2月进入陈鹤琴任校长的私立上海省吾中学任教，后任教务主任，并负责主编中共上海地下党领导的进步学生刊物《中学时代》。

1949年上海解放后，受上海市军管会文教组委派，参与接管缉椝中学（市东中学前身）。

1950年，被上海市政府任命为市东中学校长。

1956年底，调任市教育局教研室主任，并先后兼任普教处、政教处处长（期间仍兼任市东中学校长至1959年底）。

1964年10月，调北京任中央教育科学研究所研究员，专职从事理论研究工作。

1966年10月"文革"中被勒令返沪。在十年动乱中遭受了种种磨难，先后下放上海、安徽等地"五七"干校劳动5年。

1973年调回上海后,任市教育局调研组副组长。

1978年8月任上海市教育局党组成员、副局长。

1983年12月改任市教育局顾问。

1985年,被推选为教育部教育科学规划领导小组基础教育组组长。

1987年12月,被批准离休后,发起组织编写了《教育大辞典》(12卷),主编《上海教育丛书》和全国《面向未来的基础学校》丛书。

1993年主编出版《中华美德五千年》。

1995年主编出版了《上海普通教育史(1949—1989)》《世界美德五千年》。

2002年出版《为了未来——我的教育观》(两册)。

2004年出版《吕型伟从教七十年散记》。

2007年出版《吕型伟教育文集》(四卷本)。

2011年出版《教育事业·教育科学·教育艺术》("中国当代教育论丛"专卷)。

2012年9月,上海市教育委员会、杨浦区人民政府在上海市市东中学举行吕型伟图书室暨吕型伟教育思想研究室揭牌仪式。

吕型伟图书室

吕型伟图书室暨吕型伟教育思想研究室成立于 2012 年 9 月 9 日。这间图书室，在一面墙壁的陈列柜里摆放着吕老生前精心珍藏的图书、手稿、获奖证书和照片等珍贵物品。这些图书都是吕老家属捐赠的，女儿吕虹说起这些图书时非常激动，因为吕老一生酷爱读书，在生病住院期间也坚持读书，捐给市东中学的很多书都是从医院搬来的。在图书室的另一面墙壁上展示着吕老生前的一些照片、题词，还有一份当年被陈毅任命为市东中学校长的任命通知书。在图书室的一角摆放着一张写字台和一把椅子，台灯的灯光柔和地照在一份展开的手稿上，不禁让人遐想一位耄耋老人正坐在桌前思考着中国基础教育改革和发展的新思路的画面。

目前，在吕型伟图书室展示的图书除了吕老收藏的一些以外，还有在 2012 年 9 月 9 日吕型伟图书室揭牌仪式上，上海市中小学幼儿教师奖励基金会副理事长袁采向市东中学赠送的教育丛书，以及在 2013 年 9 月 2 日吕型伟塑像揭幕仪式上，市人大常委会原主任龚学平和原副主任周慕尧代表市东校友向吕型伟图书室捐赠的教育图书。这些都是宝贵的教育实践总结和理论精华。

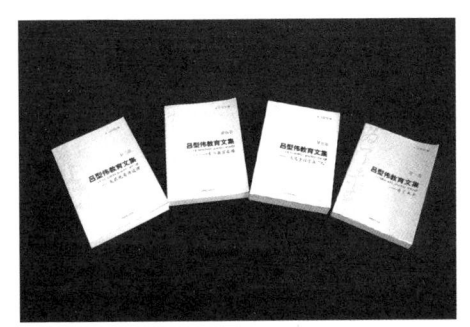

吕老于1950—1959年在市东担任校长,坚持教改,在实践中形成了"堂堂正正做人,实实在在做事"校训;提出了"欲成才,先成人;不成人,宁无才"的德育观和人才观;开展了通过"问题教学法"提高课堂效能的实践探索;开展了旨在尊重学生兴趣、发展学生个性、培养学生特长的课外教育和实践教育活动的探索;开展了旨在扩大办学规模、提高办学效益的"三班两教室"的创新探索等。丰富的办学实践经验是吕型伟教育思想发展的重要源泉,他的思维与教育改革的时代一起脉动,他的研判常常切中当下的教育时弊,他的学术观点对于教育改革和发展经常具有引领作用。吕型伟先生被人们誉为我国基础教育的"活化石"。他亲历了中国20世纪前半期的教育,参与了新中国基础教育改革与发展的全过程,不仅在基础教育国家决策咨询中发挥了重要作用,也形成了独树一帜的教育思想和理论。

市东中学吕型伟图书室暨吕型伟教育思想研究室的成立,是为了缅怀吕型伟先生为上海基础教育事业作出的突出贡献,在全市普教系统进一步形成学习宣传吕老教育思想的良好氛围,弘扬吕老一生奉献教育的精神,继承吕老矢志不渝推动教育改革的信念。吕型伟图书室成立以来,我校全体教师学习吕型伟教育思想,阅读吕老编写的《为了未来——我的教育观》《吕型伟从教七十年散记》《教育事业·教育科学·教育艺术》和《吕型伟教育文集》(四卷本)等教育著作,并结合教育教学实际撰写读书笔记和心得。在吕老敢为天下先的教改精神指引下,市东如今探索的课堂教学综合改革成为独辟新径的教改先锋。围坐的学习小组,给合作学习乃至自主探究创造了条件;DSD国际课程的设置,正契合学生多元化发展;学制贯通的教改实验,解决了学生各阶段断层的尴尬。市东中学正继承吕老矢志不渝推动的教育改革思想,不断开拓进取。自吕型伟图书室成立以来,我校培养了两批学生志愿讲解员。作为新生入学教育的一部分,我们向近年入校的两届预备、高一新生介绍校史和老校长的教育思想。一年中先后接待了校友,市、区及兄弟学校领导,全国各地骨干教师等十余批参观者。上海市教委继去年在我校成立"吕型伟教育思想研究室"之后,又于今年9月2日推动成立"吕型伟教育思想研究会",翁铁慧副市长和市人大常委会原副主任胡正昌为吕型伟塑像揭幕,市教委党委副书记、市教委主任苏明和市教育学会会长张民生为"吕型伟教育思想研究会"揭牌。

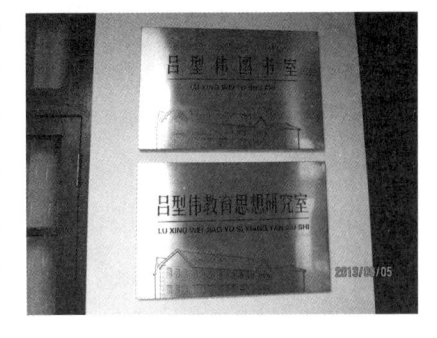

吕型伟图书室暨吕型伟教育思想研究室的成立,加强了对吕老教育实践和教育思想的学习和研究,不仅为市东的教改注入动力,还能更好地继承、弘扬吕型伟教育思想,推动上海基础教育的转型发展。

后　记

　　市东中学百多年历史上，吕型伟的名字，犹如一座丰碑，承载着他为新中国教育呕心沥血的探索精神，又如伟岸的灯塔，指引着一代又一代市东师生走向光明。因此，当我们迎来吕老诞辰105周年之际，以万分恭敬之心，梳理他在市东及其前后的奋斗历程。这半年多来，他的一笑一颦、一言一行、一举手一投足，常常化作一帧帧镜头、一首首曲子，在我们的脑海中翻腾与回响。

　　如今，这些"翻腾与回响"，化作了一本记录这些灵动记忆的书，蓦然呈现在了我们的面前，让我们百感交集，唏嘘不已，也无比自豪。

　　感谢龚学平学长关心本书的编撰与进展情况，并愉快地为本书作序及题写书名。感谢上海市教育学会尹后庆会长，他提出了这本书的视野与高度，希望能从一个侧面，反映以吕老为代表的海派教育家群体的精神风貌。感谢"上海教育丛书"编委会吴国平教授的督促及持续鼓励。尤其是要感谢深度参与了编撰工作的王厥轩、陈中山、胡丹英等的辛勤付出。

　　我们有理由相信，这本书的出版能成为市东发展史上的一件里程碑事件——使之成为献给吕老的用心礼物，成为感召市东人继续前进的激励力量，成为普通读者感念老一辈教育家风采的一扇窗口。

　　由于时间紧迫、精力有限、资料分散，书中一定错漏不少，恳请读者批评指正。

上海市市东实验学校(市东中学)校长　沈洪
2023年10月19日